Verena Nickles, Margarethe Pühringer, Eva Reimer

Hausgemachtes
aus der Vorratskammer

BUCHVERLAG

Die Deutsche Bibliothek - CIP-Einheitsaufnahme

Nickles, Verena:
Hausgemachtes aus der Vorratskammer / Verena Nickles/Margarethe Pühringer/Eva Reimer. -
St. Pölten: NP-Buchverl., 2001
ISBN 3-85326-195-7

© 2001 by Hubert Krenn VerlagsgesmbH, Wien

Verlagsausgabe:
NP Buchverlag
Niederösterreichisches Pressehaus
Druck- und VerlagsgesmbH
St. Pölten - Wien - Linz

Redaktion: Inge Krenn
Fotos: Schilling & Riedmann, Michael Seyer
Grafik: Barbara Schneider-Resl
Druck und Bindung: Druckerei Theiss GmbH, A-9400 Wolfsberg

ISBN 3-85326-195-7

Verena Nickles, Margarethe Pühringer, Eva Reimer

Hausgemachtes
aus der Vorratskammer

EINMACHEN • EINKOCHEN • RÄUCHERN • KÄSEN • BROTBACKEN

Früchte und Gemüse konservieren

Öle, Essige, Chutneys, Relishes, Würzpasten und Senf

Säfte, Schnäpse, Liköre

Milchprodukte

Fleisch- und Fischverarbeitung

Brot und Pasta, Müsli, Kräutertees und süße Leckereien

Verwendete Abkürzungen:

g	Gramm
kg	Kilogramm
ml	Milliliter
l	Liter
EL	Esslöffel
TL	Teelöffel

Marmeladen, Konfitüren und Gelees

Haben unsere Großmütter noch aus Sparsamkeitsgründen Marmeladen und Gelees gemacht, so geschieht dies heutzutage aus anderen Motiven. Denn das Misstrauen gegenüber den zahlreichen Fertigprodukten mit all ihren Zusatzstoffen nimmt mehr und mehr zu, und die Qualität der Lebensmittel, die wir zu uns nehmen, wird wieder mehr geschätzt. Viele Konsumenten sind gesundheitsbewusst geworden und legen Wert auf Frische und Naturbelassenheit der Nahrungsmittel.

Doch nicht nur zunehmendes Qualitätsbewusstsein lässt viele wieder selbst Marmeladen einkochen, sondern es ist vor allem auch die Lust auf das Einzigartige dieser Köstlichkeiten und die Gewissheit, etwas herzustellen, was ganz den eigenen Vorstellungen, Wünschen und Bedürfnissen entspricht. So erklärt es sich auch, dass viele Zeit und Mühe in ihre hausgemachten Marmeladen und Konfitüren investieren, obwohl nahezu jede Köstlichkeit aus aller Welt bei uns zu kaufen ist.

Der Überlieferung nach leitet sich das Wort **„Marmelade"** aus dem Portugiesischen ab, „marmelo" ist die portugiesische Bezeichnung für „Quitte". Demnach soll die Quitte bereits in Babylon bekannt gewesen sein und wurde dann von den Arabern nach Europa gebracht. Durch Aufzeichnungen des römischen Schriftstellers Plinius d. Ä. wissen wir, dass man im ersten nachchristlichen Jahrhundert ein aus Quitten und Honig gekochtes Mus herstellte, das natürlich als kostbare Delikatesse nur den Reichen und Mächtigen vorbehalten war. Dieses Quittenmus nannten die Portugiesen „Marmeleiro", und dieser Begriff wurde dann auch auf andere Arten von Fruchtmus übertragen.

In unserem Sprachgebrauch gibt es eigentlich keine klare Unterscheidung zwischen Marmeladen, Konfitüren und Gelees, vom Lebensmittelrecht her liegen allerdings eindeutige Definitionen vor:

Der Begriff **„Marmelade"** darf nur verwendet werden, wenn es sich um streichfähige Fruchtzubereitungen aus Zitrusfrüchten, wie Orangen, Zitronen, Mandarinen und Grapefruits, handelt. Unter **„Konfitüre"** versteht man streichfähige Zubereitungen aus einer oder mehreren Obstsorten, wobei die Früchte zerkleinert oder zerdrückt werden.
Das **„Gelee"** hingegen enthält keine Fruchtstücke und wird nur aus Fruchtsaft oder einem Fruchtsaftgemisch und Zucker hergestellt.

Praxistipps

Arbeitsgeräte

Es ist nicht nötig, sich für die Zubereitung von Marmeladen, Gelees und Konfitüren spezielle Töpfe und andere Küchenutensilien anzuschaffen, denn alles, was man dazu braucht, ist normalerweise in einem Haushalt vorhanden:

- Küchenwaage für das exakte Abwiegen der Zutaten.
- Kochtopf aus Edelstahl mit einem schweren Boden und einem großen Durchmesser, damit das Wasser ausreichend verdampfen kann.
- Schöpflöffel und Schaumkelle aus Edelstahl.
- Kochlöffel aus Kunststoff (Holz nimmt die Farbe und den Geschmack der Früchte sehr leicht auf und lässt sich schwer reinigen).
- Kleine Gläser, am besten mit Drehverschluss, aber auch Zellophan und Schnur oder Gummiring eignen sich zum Verschließen. Verwenden Sie deshalb kleine Gläser, weil der Inhalt schneller verbraucht ist und dadurch nicht so leicht schimmeln kann. Die Gläser und Deckel gründlich reinigen, mit heißem Wasser ausspülen, umgedreht auf ein Küchentuch stellen und abtropfen lassen.
- Trichter zum Einfüllen.
- Etiketten zum Beschriften.
- Alle Arbeitsgeräte und Utensilien müssen absolut sauber und fettfrei sein.

Früchte - Auswahl und Verarbeitung

- Nur ausgereiftes und einwandfreies Obst verwenden, es sollte frisch, fest, reif und ohne Schadstellen sein.
- Heimisches, frisch geerntetes Obst ist ein Garant für die gute Qualität der selbstgemachten Marmeladen.
- Immer nur so viele Früchte ernten oder kaufen, wie an einem Tag verarbeitet werden können.
- Auch tiefgefrorenes und getrocknetes Obst kann verarbeitet werden, getrocknetes Obst muss vorher in Wasser eingeweicht werden.
- Beeren sorgfältig verlesen und bei Verschmutzungen kurz abspülen.
- Kernobst waschen, nach Wunsch schälen, vom Kerngehäuse befreien und beliebig zerkleinern.

- Steinobst waschen, entstielen, entkernen, bei Bedarf schälen und in beliebig große Stücke schneiden.
- Früchte, die sich leicht braun verfärben, müssen sofort nach dem Schälen und Zerkleinern mit Zitronensaft beträufelt werden.
- Je nach Sorte haben Früchte einen unterschiedlichen Pektingehalt, wodurch sich auch unterschiedliche Kochzeiten ergeben. Das Pektin bewirkt in der Kombination mit Zucker und Fruchtsäure das Gelieren der Marmelade.

Zucker - Süßstoff und Konservierungsmittel

Durch den Zusatz von Zucker wird Flüssigkeit gebunden und es können sich keine Bakterien mehr bilden. Zudem wird das in den Früchten enthaltene Vitamin C erhalten und der Abbau der natürlichen Farbstoffe verzögert. Am häufigsten werden Marmeladen mit Gelierzucker, einer Mischung aus Zucker, Pektin und Zitronensäure, eingekocht. Man kann den Früchten aber auch Kristallzucker und andere Geliermittel wie Gelierpulver oder Agar-Agar zusetzen.

Das Einkochen

- Das Einkochgut mit den angegebenen Zutaten laut Rezept zum Kochen bringen. Die angegebene Kochzeit genau einhalten, sie beginnt erst, wenn die Masse sprudelnd kocht.
- Gelegentlich umrühren, damit sich Zucker und Pektin gut auflösen und verteilen können.
- Immer die Gelierprobe machen: einen Tropfen auf einen kalt abgespülten Teller geben, wenn der Tropfen erstarrt, dann ist die Marmelade, Konfitüre oder das Gelee fertig.
- Den entstehenden Schaum abschöpfen.
- Vor dem Einfüllen die Gläser auf ein feuchtes Tuch stellen, um ein Springen zu verhindern.
- Masse möglichst genau einfüllen, wenn nötig den Rand mit einem absolut sauberen Tuch reinigen.
- Gläser mit Drehverschluß nach dem Befüllen für ca. 20 Minuten auf den Kopf stellen, dadurch verteilen sich die Fruchtstücke gleichmäßig.
- Wird das Glas mit Zellophan verschlossen, so schneidet man dieses in die richtige Größe, befeuchtet es, legt es auf das Glas und befestigt es mit einem Gummiring oder einer Schnur.
- Die Gläser an einen kühlen, dunklen und trockenen Ort stellen und nach dem Auskühlen beschriften.
- Angeschimmelte Marmeladen nicht mehr verwenden.
- Für die Zubereitung von Fruchtgelees eignen sich am besten gekochte Fruchtsäfte, denn durch das Kochen werden die Gelierstoffe besser aufgeschlossen.
- Wenn trübe Fruchtsäfte für Gelees verwendet werden, so wird auch das Gelee trüb.

Wie 's noch besser schmeckt

Durch die Mischung von verschiedenen Früchten und den Zusatz von Gewürzen und Spirituosen können ganz besondere Geschmacksnuancen erzielt werden. Gerne verwendet werden Zimt, Nelken, Vanille, Sternanis, Ingwer, Zitronenlikör, Zwetschkenschnaps und dergleichen.

Apfelgelee von unreifen Äpfeln

Unreife Äpfel (Fallobst)

Wasser, Zucker

unbehandelte Zitrone

Die Äpfel waschen, vierteln, faulige und wurmige Stellen großzügig entfernen, mit soviel Wasser auf den Herd stellen, dass die Äpfel nicht ganz bedeckt sind und zum Kochen bringen. Man lässt sie so lange kochen, bis alle Äpfel weich sind. Noch kurz stehen lassen, dann durch ein Tuch abseihen und über Nacht abtropfen lassen.

Der Saft wird abgemessen und pro Liter Saft 0,5 kg Zucker und der ausgepresste Saft von 1 Zitrone dazugegeben. Das Ganze wird zum Kochen gebracht, 10 Minuten sprudelnd gekocht, in saubere Gläser gefüllt, verschlossen und beschriftet.

Eine besonders schöne Farbe bekommt das Gelee, wenn man Äpfel mit roten Schalen verwendet.

Der Geschmack des Gelees wird von den Apfelsorten bestimmt.

Vor dem Abfüllen kann man fein geschnittene Kräuter, wie z.B. Minze, Zitronenmelisse oder sogar Basilikum, in das Gelee mischen.

Frischer, klein gehackter Ingwer, der mit dem Apfelsaft gekocht wird, gibt dem Gelee eine besondere Note (2 EL Ingwer pro Liter Saft).

Man muss nicht auf Apfelgelee verzichten, wenn man kein Fallobst zur Verfügung hat! Verwenden Sie fertigen Apfelsaft und kochen Sie ihn, wie vorher beschrieben.

Birnen-Ingwer-Konfitüre

1 kg reife, saftige Birnen

250 ml Wasser

500 g Gelierzucker

2 EL frischer oder kandierter Ingwer (würfelig geschnitten)

1 TL Kardamom

Birnen schälen, vierteln, Kerngehäuse entfernen und klein schneiden. Mit dem Wasser und dem Ingwer zum Kochen bringen und weich kochen. Zucker und Kardamom zu den Birnen geben, 4 Minuten sprudelnd kochen lassen, nach der Gelierprobe in die vorbereiteten Gläser füllen und beschriften.

Brombeer-Apfel-Konfitüre

1 kg Kochäpfel

400 ml Wasser

1,5 kg Brombeeren

1 kg Gelierzucker

Die Äpfel schälen, ausschneiden (ca. 700 g) und grob zerkleinern. Mit 200 ml Wasser aufkochen und gelegentlich umrühren, bis die Äpfel weich sind. Brombeeren mit dem restlichen Wasser kochen. 15 Minuten leicht köcheln lassen, die Äpfel und den Zucker dazugeben und nach dem Aufkochen 10 Minuten sprudelnd kochen lassen. Die vorbereiteten Gläser bis zum Rand anfüllen, dann verschließen und beschriften.

Kirschenkonfitüre mit Maraschino

1 kg dunkle Kirschen (ohne Kerne gewogen)

500 g Gelierzucker

Saft von 2 Zitronen

100 ml Maraschino

Die Kirschen waschen, abtropfen lassen, entstielen und entsteinen, mit dem Gelierzucker verrühren und zugedeckt über Nacht kühl stehen lassen. Den Zitronensaft dazugeben, aufkochen und 4 Minuten sprudelnd kochen lassen. Den Likör unterrühren, in vorbereitete Gläser füllen und diese sofort verschließen. Nach dem Auskühlen die Gläser beschriften.

Marillenkonfitüre

2 kg reife Marillen

500 ml Wasser

Saft von 1 Zitrone

1 kg Zucker

etwas Rum

Die Marillen waschen, abtropfen lassen, halbieren und entkernen. 15 Kerne aufschlagen, die anderen weggeben. Die aufgeschlagenen Kerne mit kochendem Wasser übergießen, nach 2 Minuten das Wasser abgießen und die braune Haut von den Kernen abreiben. Kerne grob hacken.

Marillen, Kerne, Wasser und Zitronensaft in einem großen Topf zum Kochen bringen und gelegentlich umrühren. Wenn die Marillen nach ca. 15 Minuten weich gekocht sind, den Zucker dazugeben und verrühren, bis er sich aufgelöst hat. Die Temperatur erhöhen, 10 Minuten kochen und dabei nicht umrühren. Die fertige Marmelade in vorbereitete Gläser füllen, auf der sich bildenden Haut etwas Rum verteilen, die Gläser verschließen und beschriften.

Will man eine ganz feine Marillenmarmelade herstellen, kann man die Marillen schälen: Man gibt sie portionsweise in kochendes Wasser, nimmt sie heraus, lässt sie kurz überkühlen und zieht die Haut ab. Weiter verarbeiten wie vorher beschrieben.

Orangenmarmelade

1 kg unbehandelte Orangen

250 ml Wasser

500 g Gelierzucher

Die Orangen heiß waschen, abtrocknen und mit dem Apfelschäler von 3 Orangen die Schale abschälen. Schale ganz fein schneiden und mit dem Wasser und zwei Esslöffeln Zucker zum Kochen bringen. Kochen, bis die Schale weich ist. Inzwischen die Orangen schälen und alle weißen Fäden entfernen. Die Orangen in Spalten aufteilen, diese klein schneiden, zu den Orangenschalen geben und 15 Minuten weich kochen. Den Zucker dazugeben und nach dem Auflösen 10 Minuten kräftig kochen lassen. Die Marmelade in vorbereitete Gläser füllen, verschließen und beschriften.

Preiselbeerkonfitüre

1,5 kg Preiselbeeren

250 ml Rotwein

ca. 1 kg Zucker

Preiselbeeren verlesen, waschen, gut abtropfen lassen und mit dem Wein zum Kochen bringen. Kräftig kochen, bis alle Beeren aufgeplatzt sind. Den Zucker einrühren, bis er sich ganz aufgelöst hat und noch 10 Minuten kochen. Sollte die Marmelade zu wenig süß sein, gibt man noch ein wenig Zucker dazu. Die vorbereiteten Gläser werden bis zum Rand gefüllt, verschlossen und beschriftet.

Rhabarber-Erdbeer-Konfitüre

1,5 kg Rhabarber

500 g Erdbeeren

1,5 kg Zucker

3 unbehandelte Zitronen

Rhabarber putzen, in 1 cm lange Stücke schneiden, die Erdbeeren entstielen und halbieren. Beides mit dem Zucker lagenweise in eine große Schüssel geben. Die Zitronen auspressen (Kerne aufheben!), den Saft über das Obst träufeln, die Schüssel mit einem Tuch abdecken und über Nacht stehen lassen. Die Zitronenschalen grob zerschneiden, mit den Kernen in ein Leinensackerl geben und verschnüren. Das Obst-Zuckergemisch in einen großen Topf geben, die Zitronenschalen dazugeben und bei starker Hitze 15 Minuten kochen lassen. Zwischendurch nach Bedarf den Schaum abschöpfen. Das Leinensackerl gut ausdrücken und dann entfernen. Die Marmelade in vorbereitete Gläser füllen, verschließen und nach dem Auskühlen beschriften.

Rhabarber und Erdbeeren ergeben zusammen eine wunderbar aromatische Konfitüre.

Ribiselgelee

2 kg Ribiseln

500 ml Wasser

750 g Zucker pro Liter Saft

Die Ribiseln waschen, abtropfen lassen (man muß sie nicht von den Rispen zupfen) und mit dem Wasser kochen, bis alle Früchte aufgeplatzt sind. Im zugedeckten Topf 20 Minuten stehen lassen, dann durch ein Sieb, das mit einem sauberen Tuch ausgelegt wurde, abseihen und über Nacht abtropfen lassen. Den Saft abmessen, mit der entsprechenden Menge Zucker aufkochen und 10 Minuten sprudelnd kochen lassen. Das Gelee in vorbereitete Gläser füllen, sofort verschließen und die Gläser beschriften.

Ribiselgelee eignet sich besonders gut zum Füllen von Biskuitrouladen und für Weihnachtskekse.

Zwetschken-Walnuss-Konfitüre

2 kg Zwetschken

400 ml Wasser

1,3 kg Zucker

Saft von 2 Zitronen

250 g grob gehackte Walnüsse

Zwetschken waschen, halbieren und entkernen. 20 Kerne aufschlagen, die anderen weggeben. Die Kerne kurz in Wasser kochen, abseihen, mit kaltem Wasser abschrecken und die braune Haut abziehen, dann grob hacken. Zwetschken, Kerne, Wasser und Zitronensaft zum Kochen bringen und so lange kochen lassen, bis alles weich ist und sich um etwa ein Drittel reduziert hat. Den Zucker einrühren, bis er sich aufgelöst hat, dann 10 Minuten kräftig kochen lassen. Die gehackten Nüsse noch kurz mitkochen lassen. Die fertig gekochte Marmelade in Gläser füllen, verschließen und beschriften.

Obst und Gemüse einmachen

Zu Großmutters Zeiten noch war das Einmachen eine wichtige und weit verbreitete Konservierungsmethode, heute allerdings wurde diese Form des Haltbarmachens verdrängt durch das ganzjährige Angebot an Frisch- und Tiefkühlobst und -gemüse.

Beim Einmachen werden durch Erhitzen des Einmachguts Bakterien und Mikroorganismen abgetötet. Durch das entstehende Vakuum wird auch die Bildung neuer Keime unterbunden. Man unterscheidet zwischen Pasteurisieren bei Obst (ab 75 °C) und Sterilisieren bei Gemüse (ab 100 °C).

Eingemachtes hat eine Haltbarkeit von ca. 1 Jahr und mehr, ohne dass Konservierungsmittel zugesetzt werden. Neben der Hitze tragen auch beigefügter Zucker und Säuren zur Konservierung bei.

Der Vorteil von Eingemachtem liegt darin, dass man, unabhängig von Strom, jederzeit einen Vorrat zur Hand hat, den man sofort verwenden kann. Egal, ob unerwartet Besuch kommt oder ob es in der Küche einfach schnell gehen muß, in diesen Fällen sind eingemachte Früchte und Gemüse einfach ideal.

Wichtig ist es auch hierbei, nur bestes und einwandfreies Obst und Gemüse zu verwenden, möglichst aus biologischem Anbau. Denn nur wenn die Rohstoffe allererste Qualität haben, dann wird auch das Endprodukt beste Qualität aufweisen.

Achten Sie darauf, dass Sie nur frisches, festes und ausgereiftes Obst und Gemüse verwenden.

Besonders delikat sind auch verschiedene Obst- und Gemüsemischungen, die sich hervorragend zum Verschenken eignen. Bei diesen Kreationen sind der Phantasie keine Grenzen gesetzt.

Praxistipps

Arbeitsgeräte

- Verschieden große Einmachgläser mit passenden Glasdeckeln. Sehr häufig werden die so genannten Rexgläser mit Gummiring und Federklammern verwendet. Bitte die Gummiringe unbedingt auf ihre Elastizität überprüfen, denn wenn sie brüchig sind, verdirbt das Einmachgut mit Sicherheit. Es können natürlich auch Gläser mit anderen Verschlusssystemen verwendet werden, idealerweise sollten sie stapelbar sein.
- Die Gläser heiß auswaschen und zum Trocknen verkehrt auf ein sauberes Tuch stürzen. Niemals mit Geschirrtüchern abtrocknen!
- Küchenwaage für das exakte Abwiegen der Zutaten.
- Schöpflöffel, Einfülltrichter und Messbecher.
- Edelstahltopf mit schwerem Boden und großem Durchmesser.
- Etiketten zum Beschriften.

Früchte und Gemüse - Auswahl und Verarbeitung

- Nur einwandfreies, erntefrisches Gemüse und Obst verwerten.
- Nur so viel Obst und Gemüse kaufen bzw. ernten, wie am selben Tag noch verarbeitet werden können.
- Überdüngtes und zu spät gedüngtes Gemüse eignet sich nicht zum Einmachen, weil dadurch Qualität und Haltbarkeit wesentlich verringert werden.
- Gemüse sorgfältig waschen und dem Rezept gemäß schneiden.
- Aufgrund des hohen Eiweißgehaltes von Gemüse und Pilzen empfiehlt es sich, diese 1 bis 2 Tage nach dem Einmachen nochmals zu erhitzen.
- Obst und Gemüse, das schon faulig ist, nicht einfach ausschneiden, sondern gar nicht verwenden.
- Steinobst gründlich waschen, halbieren und entkernen. Wenn die Früchte mit den Kernen eingelegt werden, müssen sie vorher mit einer Nadel mehrmals angestochen werden, damit sie nicht aufplatzen.
- Kernobst nach Wunsch schälen, halbieren oder vierteln und das Kerngehäuse entfernen.

Das Einmachen

- Beeren werden lagenweise mit entsprechender Menge Zucker oder Gelierzucker in die Gläser eingefüllt.
- Harte Früchte werden mit einer Zuckerlösung übergossen, dabei benötigt man für ca. 4 kg Früchte etwa 1 l Zuckerlösung.
- Gemüse in die Gläser einfüllen und mit einer Salzlösung bedecken. Für die Salzlösung nimmt man 10 g Salz auf 1 Liter Wasser.
- Obst und Gemüse, das sich leicht braun verfärbt, sollte man Zitronensaft zusetzen.
- Das Einmachgut dicht bis 2 cm unter den Rand einfüllen.

- Glasränder sauber abwischen, bevor man die Gläser verschließt.
- Die Gläser zum Auskühlen auf ein feuchtes Tuch stellen und mit einem Tuch bedecken.
- Gläser beschriften und an einem kühlen, dunklen Ort lagern, damit Farbveränderungen verhindert werden. Die ideale Lagertemperatur beträgt 10–18 °C.

Verschiedene Einmachmethoden

Backrohr

- Die Gläser auf ein Backblech mit hohem Rand oder in eine Pfanne setzen, und zwar so, dass sie weder einander noch die Backrohrwand berühren.
- Das Backblech oder die Pfanne zur Hälfte mit Wasser füllen und in das nicht vorgeheizte Rohr schieben.
- Bei ca. 180 °C beginnt die eigentliche Einkochzeit erst dann, wenn im Glas Blasen aufsteigen, dann das Rohr ausschalten und die Gläser so lange im Rohr lassen, wie die vorgegebene Sterilisationszeit beträgt.
- Gläser herausnehmen und auf einem weichen Tuch zugedeckt auskühlen lassen.

Einmachtopf

- Gläser in den Einmachtopf stellen, ohne dass sie einander berühren.
- Den Topf mit so viel Wasser auffüllen, dass die Gläser ungefähr bis zur Hälfte im Wasser stehen.
- Ist der Inhalt der Gläser heiß, dann den Topf auch mit heißem Wasser auffüllen, ist der Glasinhalt kalt, dann füllt man mit kaltem Wasser auf.
- Die Einkochzeit beginnt erst dann, wenn die angegebene Temperatur erreicht ist.

Druckkochtopf

- Unbedingt die Gebrauchsanleitung des Herstellers beachten.
- Diese Methode eignet sich nicht so gut, da die Temperatur nicht gut regulierbar ist und die verhältnismäßig lange Auskühlzeit die Qualität des Eingemachten schmälert.

Mikrowellenherd

- Angaben des Herstellers beachten!
- Ist gut geeignet für kleine Mengen, es ist aber dazu spezielles Material erforderlich, das für die Mikrowelle geeignet ist.

Das Heißeinfüllen von Früchten

Das Heißeinfüllen ist eine praktische und schnelle Alternative zum Einmachen und hat dieses auch weitgehend abgelöst. Geeignet ist diese Variante des Konservierens sowohl für Kompott als auch für Pikantes wie Chutneys und dergleichen.

- Die Früchte wie gewohnt waschen und vorbereiten.
- Aus Wasser, Zucker und diversen Gewürzen einen Sud bereiten, den entstehenden Schaum abschöpfen.
- Die Früchte in den Sud einlegen und kurz garen. Immer bedenken, dass sie auch nach dem Einfüllen noch weitergaren.
- Die Früchte vorsichtig in die vorgewärmten Gläser füllen, mit der Lösung bedecken und sofort verschließen.
- Durch das Abkühlen der Gläser bildet sich ein Vakuum.
- Die Gläser kühl, trocken und dunkel aufbewahren.
- Die Haltbarkeit von heiß eingefülltem Einmachgut beträgt ca. 1/2 bis 3/4 Jahr.

Eingemachte Bohnen

Bohnen

Wasser

Salz

Grüne oder gelbe Buschbohnen in Stücke schneiden, Flachbohnen längs halbieren und in ca. 5 cm lange Stücke schneiden. In kochendem Wasser 5 Minuten blanchieren, kalt abschrecken, und abtropfen lassen. In Gläser bis 2 cm unter den Rand schichten, mit heißer Salzwasserlösung (1 l Wasser vermischt mit 10 g Salz) auffüllen, verschließen und im Wasserbad 90 Minuten sterilisieren. Im Wasserbad auskühlen lassen.

Eingemachte Tomaten

2 kg Tomaten

2o g Salz

2 EL Zucker

frisches Basilikum

Die Tomaten kurz in kochendes Wasser legen, damit sich die Haut abziehen lässt. Anschließend vierteln, dabei den Strunk entfernen. Die Tomaten mit dem Saft in einem großen Topf zum Kochen bringen. Salz und Zucker dazugeben und mindestens 1 Stunde köcheln lassen. Das geschnittene Basilikum dazugeben und zehn Minuten mitkochen lassen. In saubere Schraubgläser füllen, verschließen und auskühlen lassen. Kühl und dunkel aufbewahren. Bei kürzerer Kochzeit im Wasserbad sterilisieren.

Gemischte Pilze

1 kg Pilze (Herrenpilze, Eierschwammerln, Champignons)

10 g Salz

1 l Wasser

frische Petersilie, Rosmarin und Majoran

etwas Zitronensaft

Die Pilze gut putzen, in Scheiben schneiden und kurz in kochendem Wasser blanchieren, kalt abschrecken und gut abtropfen lassen. Pilze und grob gehackte Kräuter in Schraubgläser schichten. Salz und Wasser aufkochen, Zitronensaft dazugeben und heiß über die Pilze gießen, verschließen und noch ca. 1 Stunde im Wasserbad sterilisieren, darin auskühlen lassen.

Grüne Walnüsse

500 g grüne Walnüsse

500 g Zucker

500 ml Wasser

1/2 Zimtstange

einige Gewürznelken

Orangen- und Zitronenschale

Die Walnüsse mit einer Nadel rundum mehrfach einstechen und zwei Wochen wässern, dabei das Wasser pro Tag zweimal wechseln. Dann die Walnüsse kurz in kochendem Wasser blanchieren, kalt abschrecken und gut abtropfen lassen.

Wasser und Zucker in einem Topf 5 Minuten aufkochen, Gewürze dazugeben, noch 5 Minuten weiterkochen und dann abkühlen lassen. Die Walnüsse in Schraubgläser füllen, mit dem Sirup auffüllen und im Wasserbad noch 30 Minuten sterilisieren.

Kirschenkompott

4 kg Kirschen

2 Zimtstangen

900 g Zucker

2 l Wasser

Die Kirschen waschen, entstielen und entkernen, ca. 15 Kirschenkerne aufschlagen. Wasser und Zucker vermischen, Kirschenkerne und Zimtstangen dazugeben und aufkochen.

Inzwischen die Kirschen in die vorbereiteten Gläser schichten und mit der überkühlten Zuckerlösung, aus der man zuvor die Kerne und die Zimtstangen entfernt hat, bis 2 cm unter den Rand übergießen. Die Gläser verschließen und bei 80 °C ca. 30 Minuten pasteurisieren.

Marillenkompott

2 kg Marillen

500 g Zucker

Saft und Schale von 2 Zitronen

750 ml Wasser

2 Vanillestangen

Marillen blanchieren, kalt abschrecken und die Haut abziehen. Anschließend halbieren und Kerne entfernen. Wasser, Zucker, Zitronensaft und -schale aufkochen, die Marillenhälften dazugeben und 10 Minuten darin köcheln lassen. Die Früchte in die Gläser füllen, die halbierten Vanilleschoten darauf verteilen und mit der überkühlten Zuckerlösung bis 2 cm unter den Rand auffüllen. Bei 75 °C ca. 30 Minuten pasteurisieren.

Pfirsichkompott

- 1 kg Pfirsiche
- Saft von 2 Zitronen
- Zitronenschale
- 500 g Zucker
- 250 g Walnüsse
- 1 Vanilleschote

Pfirsiche enthäuten, Kerne entfernen und vierteln oder nach Belieben achteln. Mit dem Zitronensaft, der Zitronenschale und dem Zucker vermischen und über Nacht stehen lassen. Anschließend die Pfirsiche in einem Topf aufkochen, die aufgeschnittene Vanilleschote dazugeben und ca. 30 Minuten garen, dann die Früchte herausheben und den Saft noch kräftig kochen lassen, bis er dicklich wird. Walnussstücke und Pfirsiche dazugeben, kräftig umrühren, etwas überkühlen lassen und in Gläser füllen.

Zwetschkenkompott

- 3 kg Zwetschken
- 300 g Zucker
- 1 l Wasser
- Saft und Schale von 1 Zitrone
- 2 Zimtstangen
- 5 Gewürznelken
- Sternanis

Wasser mit Zucker und Zitronensaft und -schale einmal aufkochen. Zwetschken halbieren, entkernen und in die vorbereiteten Gläser schichten. Gläser auf einer weichen Unterlage aufklopfen, damit die Zwischenräume zwischen den Zwetschkenhälften ausgefüllt werden. Die Gewürze auf die Gläser verteilen, mit der überkühlten Zuckerlösung übergießen und verschließen. Bei 90 °C ca. 30 Minuten pasteurisieren.

Konservieren mit Salz

Die Milchsäuregärung

Das Haltbarmachen durch Milchsäuregärung ist eine sehr alte Methode, denn sie war den Chinesen schon vor Jahrtausenden bekannt. Durch dieses Konservierungsverfahren bleiben die Vitamine und Mineralstoffe am besten erhalten, und gerade deshalb wird diese Methode des Haltbarmachens wieder verstärkt angewendet.

Milchsäure ist eine organische Säure und als solches wichtiger Bestandteil unserer Nahrung, sie ist aber auch in unserem Körper zu finden. Sie entsteht unter Bakterieneinwirkung aus Milch- oder Traubenzucker. Man fügt dem Gemüse eine geringe Salzmenge bei und setzt dadurch die Milchsäuregärung in Gang.

Die Milchsäuregärung findet in zwei Phasen statt, wobei in der ersten Phase unter Einwirkung von Bakterien das Gemüse zersetzt wird, in der zweiten Phase werden neue Stoffe wie Enzyme und Vitamine gebildet.

Durch das Einsäuern entsteht ein köstliches, sehr gesundes, haltbares und gut verdauliches Gemüse, das der Frischkost gleichzusetzen ist.

Milchgesäuerte Produkte enthalten eine beträchtliche Menge an Vitamin C, das unser Immunsystem stärkt und somit widerstandsfähiger gegenüber Infektionen macht. Durch Milchsäure wird die Darmtätigkeit angeregt, die Bauchspeicheldrüse aktiviert, damit werden die Verdauungsorgane entlastet und der Säure-Basen-Haushalt ausgeglichen.

Arbeitsgeräte

Die Anschaffung von speziellen Geräten, wie Krauthobel und dergleichen, lohnt sich nur, wenn tatsächlich größere Mengen Sauerkraut hergestellt werden.

- Krauthobel, Gurkenhobel, Küchenmesser, Reiben
- Holzstampfer
- Holzbretter und Steine zum Beschweren
- Weißes Baumwolltuch
- Gärtöpfe, Einmachgläser
- Etiketten zum Beschriften

Das richtige Gemüse

Am bekanntesten ist sicher Weißkraut, aus dem Sauerkraut hergestellt wird. Es eignen sich aber nahezu alle Gemüsesorten: Rotkraut, Kohlrabi, Rote Rüben, Karotten, Sellerie, Paprika, Kürbis, Lauch, Zwiebeln, Knoblauch, Zucchini, Bohnen, Gurken, grüne Tomaten, Brokkoli. Diese Gemüsesorten können einzeln oder bunt gemischt mit Hilfe der Milchsäuregärung haltbar gemacht werden.

- Gemüse, das chemisch gedüngt oder gespritzt wurde, eignet sich nicht zur Milchsäuregärung, da durch die Spritzmittel die natürlichen Milchsäurebakterien auf der Oberfläche vom Gemüse ebenso abgetötet werden wie Schädlinge.
- Das Gemüse sollte fest, einwandfrei und möglichst erntefrisch sein.
- Großes und hartes Gemüse sollte fein geraffelt werden.
- Dem Gemüse können Gewürze beigefügt werden, die nicht nur interessante Geschmacksvarianten erzeugen, sondern auch die Fäulnis verhindern. Besonders geeignet sind Kümmel, Lorbeerblatt, Koriander, Thymian, Oregano, Bohnenkraut, Zwiebel und Knoblauch.
- Auch Pilze sind zum Einsäuern geeignet.

Der Gärvorgang

- Alle verwendeten Küchengeräte müssen absolut sauber sein.
- Der Gärprozeß wird durch die Beigabe von Salz in Gang gesetzt. Pro Kilogramm Gemüse werden ca. 8 g Salz benötigt.
- Durch das Pressen und Stampfen des Gemüses wird die Gärung aktiviert und Luft herausgepresst.
- Das Gemüse muss vollständig mit Flüssigkeit bedeckt sein, ansonsten muss Salzwasser zugegossen werden.

- Es können auch Gärhilfen hinzugefügt werden, um die Gärung zu beschleunigen, wie z. B. Molke, Butter- oder Sauermilch.
- Zum Einsalzen sollte Salz ohne Zusatz von Fluor oder Jod verwendet werden.
- Anfänglich werden durch Bakterien Essigsäure und Gase gebildet, aber es entstehen auch Säuren, die keine Fäulnis aufkommen lassen.
- In der Folge vermehren sich die Bakterien, die Milchsäure erzeugen.
- Nach ca. 2 Wochen das Gemüse kalt stellen und dann noch 4–6 Wochen stehen lassen.
- Das Gärgemüse an einem dunklen Ort unter 10 °C lagern (Keller).

Gefäße für das Einsäuern

Gärtopf aus Steingut

Durch eine Wasserrille verbleibt Kohlensäure im Topf und es kann sich dadurch keine Kahmhefe bilden. Das Wasser in der Wasserrille muß öfter nachgefüllt werden, besonders in den ersten 4 Wochen.

Steinguttopf ohne Deckel

Hier ist als Abdeckmaterial ein weißes Tuch nötig, das man am besten nach dem Waschen in klarem Wasser auskocht. Weiters benötigt man ein Holzbrett und einen Stein zum Beschweren.

Einmachglas mit Schraubverschluss

Das Gärgemüse wird in einer Schüssel gepresst und gestampft und dann schichtweise in das Glas gedrückt. Das Glas verschließen und während des Gärvorganges und auch zur Aufbewahrung dunkel stellen.

Karotten mit Sellerie

800 g Karotten

200 g Sellerie

1 saurer Apfel

1 TL Senfkörner

Schalotten, Knoblauchzehen, Gewürznelken, Lorbeerblätter, frische Kräuter
nach Belieben

10 g Salz

abgekochtes Wasser

etwas Sauerkrautsaft oder Sauermilch
als Starthilfe

Die Karotten und die Sellerie grob raffeln, den
Apfel zuerst schälen und dann ebenfalls raffeln. Das Gemüse in einen Topf geben, mit
den Kräutern, dem Salz und den Gewürzen
vermischen und gut durchkneten, bis Saft
austritt. Das Gemüse in saubere Gläser eindrücken, verschließen und die erste Woche an
einem warmen Ort gären lassen. Wenn sich
zu wenig Saft gebildet hat, kann man etwas
abgekochtes, kaltes Wasser und wenig Butter-
oder Sauermilch dazugeben. Dann zwei bis
drei Wochen kühler stellen und anschließend
an einem kühlen, dunklen Ort aufbewahren.

Milchsaure Bohnen

1 kg grüne Bohnen

Dille, 1 EL Senfkörner, 1 TL Korianderkörner, 2 Lorbeerblätter, Bohnenkraut,
Estragon

8 g Salz

Die grünen Bohnen blanchieren und in 2 cm
lange Stücke schneiden. Einsalzen und gut

durchmischen und kneten. Mit den Kräutern
und Gewürzen vermischen und in Gläser
einfüllen. Als Starthilfe kann auch etwas
Butter- oder Sauermilch dazugegeben werden. Mit einem Krautblatt abdecken und beschweren. Sollte zu wenig Flüssigkeit vorhanden sein, kann man mit etwas Sauerkrautsaft
aufgießen. Ca. 3 Tage bei 20 °C gären lassen,
dann 2–3 Wochen bei 15 °C und zuletzt an
einem kühlen und dunklen Ort lagern.

Rote Rüben mit Weißkraut

2 kg Rote Rüben

1 kg Weißkraut

2 säuerliche Äpfel

3 EL frisch geriebener Kren

30 g Salz

3 Knoblauchzehen, mit Gewürznelken
gespickt

Pfefferkörner, Lorbeerblätter, Dille,
Estragon, 2 EL Kümmel

abgekochtes, kaltes Wasser

etwas Butter- oder Sauermilch als
Starthilfe

Die Roten Rüben grob raffeln, die Äpfel
schälen und ebenfalls grob raffeln, das Kraut
fein hobeln und das Gemüse in einem Topf
mit den Gewürzen und dem Salz gut vermischen. Die Gemüsemischung in die sauberen
Gläser eindrücken. Wenn sich nicht genug
eigener Saft bildet, kann man mit etwas
Wasser auffüllen und in jedes Glas etwas
Starthife in Form von Sauer- oder
Buttermilch geben. Verschließen, eine
Woche warm stellen, dann zwei Wochen
etwas kühler stellen, zuletzt an einem dunklen und kühlen Ort lagern (Keller).

Russenkraut

---

1 kg Weißkraut

300 g Karotten

300 g Sellerie

200 g Zwiebeln

1 rote Paprikaschote

1 grüne Paprikaschote

3 Knoblauchzehen

3 Lorbeerblätter

2 EL Senfkörner

1 TL Wacholderbeeren

etwas Dille

10 g Salz

Das Weißkraut, Karotten und Sellerie hobeln oder mit einem Messer fein schneiden, die Zwiebeln und Paprikaschoten in ganz feine Streifen schneiden. Salz und Gewürze zum Gemüse mischen, gut durchkneten und pressen, bis Saft austritt.

Das Gemüse lagenweise in ein Gärgefäß schichten, pressen und zuletzt mit einem Krautblatt abdecken. Als Starthilfe kann auch etwas Butter- oder Sauermilch dazugegeben werden. Mit Steinen beschweren, ein paar Tage an einem warmen Ort stehen lassen und dann ca. 3 Wochen kühler stellen. Nach ca. 5 Wochen ist das Russenkraut fertig.

Sauerkraut in Gläsern

---

5 kg Weißkraut

50 g Salz, 1 EL Wacholderbeeren,
1 TL Kümmel, 3 Lorbeerblätter

Das Weißkraut fein hobeln, in einen Eimer geben und gut mit dem Salz und den Gewürzen vermischen. In saubere Gläser nicht zu voll ein füllen und so fest eindrücken, dass der Gemüsesaft etwa 2 cm über dem Gemüse steht. Verschließen und eine Woche an einem warmen Ort stehen lassen (in der warmen Küche oder über einer Heizung). Dann zwei Wochen etwas kühler stellen, bis der Gärvorgang abgeschlossen ist. Mit Tüchern abdecken, damit das Sauerkraut vor Licht geschützt ist. Kühl und dunkel aufbewahren.

Weißkraut mit Äpfeln

---

1 kg Weißkraut

4 säuerliche Äpfel, 3 rote Zwiebeln

2 EL Kümmel, 3 Lorbeerblätter,
1 EL Wacholderbeeren, 10 g Salz

etwas Butter oder Sauermilch als Starthilfe

Das Kraut fein hobeln, die Äpfel schälen, ebenfalls fein hobeln und die Zwiebeln in feine Ringe schneiden. Alles zusammen mit den Gewürzen in einen Topf geben, einsalzen, gut durchdrücken und schichtweise in Gläser füllen. Zwischen die einzelnen Lagen immer etwas Butter- oder Sauermilch geben. Zuletzt mit einem Krautblatt bedecken und beschweren. Der Saft muss 2 cm über dem Krautblatt stehen. Die erste Woche bei ca. 20 °C gären lassen, die nächsten zwei Wochen bei ca. 15 °C und zuletzt kühl und dunkel (im Keller) lagern.

Das Einsalzen und Einlegen in Salzlake

Das Einsalzen spielt eine bedeutende Rolle in der Geschichte unserer Ernährung. Bereits vor Jahrtausenden war die Methode des Einsalzens zur Verlängerung der Haltbarkeit von Lebensmitteln bekannt, und auch noch heute wird dieses Verfahren gerne praktiziert. Dem Salz kam schon in prähistorischen Zeiten große Bedeutung zu und es galt in vielen Kulturen als heilig. Ursprünglich wurde der Bedarf an Salz durch Eindampfen von Meerwasser beziehungsweise von Wasser aus Salzquellen gedeckt. Bereits aus der jüngeren Bronzezeit ist der Abbau von Salzlagerstätten bekannt. Zahlreiche Städte erhielten ihren Namen nach dem Salzbergbau und von vielen dieser Städte gingen bedeutende Handelsrouten aus. Salz war allerdings nicht überall verfügbar und deshalb war es eine sehr kostbare Handelsware, um die es allzu oft Kämpfe gegeben hat. Mit Hilfe von Salz wird Gemüse dadurch haltbar gemacht, dass es in hohem Maße Wasser anzieht und somit das Wachstum von Schimmelpilzen und Fäulnisbakterien verhindert. Durch die Verwendung einer größeren Menge Salz ist zwar die Konservierung garantiert, es wird aber auch der Geschmack viel salziger, weshalb manche in Salz eingelegte Lebensmittel vor der Verwendung gewässert werden müssen. Das wiederum kann den Geschmack etwas beeinträchtigen. Das Salz ist in der Lage, Geschmack und Aroma des eingelegten Gemüses und der Kräuter zu binden, welche sich sehr gut als schnell zur Verfügung stehende Würzmittel für Marinaden, Suppen und Soßen eignen. Das Einsalzen und Einlegen in Salzlake ist eine sehr kostengünstige und zeitsparende Methode des Haltbarmachens.

Praxistipps

Arbeitsgeräte
- Gläser mit Dreh- oder Bügelverschlüssen, aber auch Steinguttöpfe.
- Gemüsemesser, Wiegemesser, Gemüsehobel.
- Pergamentpapier oder Zellophan zum Verschließen der Gläser.

Das richtige Gemüse
- Es eignen sich Wurzelgemüse und Kräuter zum Einsalzen, wobei beides erntefrisch sein soll. Stammt das Gemüse nicht aus dem eigenen Garten, so verwenden Sie am besten Gemüse und Kräuter aus biologischem Anbau.
- Das Gemüse beliebig zerkleinern oder auch im Ganzen in Salzlake einlegen.

Der Vorgang des Einsalzens und Einlegens in Salzlake
- Die Gläser müssen gründlich gereinigt und trocken sein.
- Das vorbereitete Gemüse und die Kräuter mit der entsprechenden Menge Salz vermischen, möglichst eng in die Gläser schichten und zuletzt mit einer Lage Salz bedecken.
- Gemüse und Kräuter sollten trocken sein, denn zuviel Feuchtigkeit beeinträchtigt die Haltbarkeit.
- Man benötigt pro Kilogramm Gemüse etwa 150 g Salz.
- Das in Salz Eingelegte an einem kühlen und dunklen Ort lagern. Das Gemüse kann portionsweise entnommen werden, sollte aber jedes Mal wieder gut verschlossen werden.

Wurzgemüse in Salz

Je 250 g Karotten, Petersilienwurzel, Sellerie, Lauch, Pastinaken, eventuell etwas grüne Petersilie

Das Wurzelgemüse gut waschen schälen und grob raffeln. Mit 220 g Salz gut vermischen, ganz fest in kleine Gläser hineindrücken und verschließen.

Gut zum Nachwürzen von Suppen, Soßen, Salaten oder als Brotaufstrich.

An einem kühlen und dunklen Ort lagern, bereits geöffnete Gläser im Kühlschrank aufbewahren.

Salztomaten

1 kg Tomaten

250 ml Wasser

8 g Salz

Die Tomaten über Kreuz einschneiden, in kochendes Wasser einlegen, kalt abschrecken und die Haut abziehen.

Das Wasser mit dem Salz vermischen und aufkochen, dann abkühlen lassen. Die Tomaten in Gläser einschichten, mit der Salzlösung übergießen und die Gläser gut verschließen. An einem kühlen und dunklen Ort lagern.

Kräuterwürze in Salz

2oo g frische Kräuter (Petersilie, Basilikum, Borretsch, Dille, Kerbel, Liebstöckel, Schnittlauch, Zitronenmelisse, Thymian, Rosmarin)

30 g Salz

Die Kräuter waschen, zwischen Tüchern trockentupfen, klein schneiden und mit dem Salz gut vermischen.

In kleine Schraubgläser fest eindrücken und kühl aufbewahren.

Haltbarmachen durch Essig und Öl

Einlegen in Essig

Konservieren durch Essig ist eine Methode, die sich wieder recht großer Beliebtheit erfreut. Machen doch die würzigen, pikanten und süßsauren Köstlichkeiten jede Jause zu einer Spezialität und jedes kalte Buffet unvergesslich.

Das Einlegen in Essig ist ein sehr einfaches und zeitsparendes Verfahren zur Verlängerung der Haltbarkeit von Obst und Gemüse. Die im Essig enthaltene Essigsäure ist in der Lage, Mikroorganismen abzutöten und verhindert somit Schimmel und Fäulnis.

Je nach Art des Gemüses oder Obstes verwendet man eine Lösung aus Essig und Salz oder aus Essig und Zucker, wodurch eine längere Haltbarkeit erzielt wird. Auch das Sterilisieren und das zweimalige Übergießen mit Sud erhöht die Haltbarkeit.

Unter Beigabe von Gewürzen und Kräutern entstehen wahre Spezialitäten, die einzigartig und nicht im Handel erhältlich sind.

Allerdings muss man auch wissen, dass durch das Konservieren in Essig wichtige Vitamine und Mineralstoffe verlorengehen.

Arbeitsgeräte

Für das Einlegen in Essig sind keine speziellen Arbeitsgeräte nötig, denn in der Regel ist alles, was man dazu braucht, in einem Haushalt vorhanden.

- Gläser mit Dreh- oder Patentverschluss, Steinguttöpfe.
- Küchenmesser, Gemüsehobel.
- Email-, Glas- oder Edelstahltöpfe. Auf keinen Fall Töpfe aus Aluminium, Kupfer oder Messing verwenden, denn die Essigsäure greift diese an.

Obst und Gemüse

- Nur Obst und Gemüse mit bester Qualität verwenden, denn nur dadurch wird auch ein optimales Ergebnis erzielt.
- Gemüse gut reinigen und beliebig schneiden. Sehr hübsch sieht es auch aus, wenn buntes Gemüse in verschiedene Formen geschnitten wird.
- Es empfiehlt sich, das Gemüse vor dem Einlegen einzusalzen und 12–48 Stunden an einem kühlen Ort stehen zu lassen, denn so wird dem Gemüse Wasser entzogen, das den Essig verwässern würde.
- Grünes Gemüse bleicht mit der Zeit aus, was sich bis zu einem gewissen Grad durch kurzes Blanchieren verhindern lässt.

Der Vorgang des Einlegens

- Alle Arbeitsgeräte müssen absolut sauber sein, die Einlegegefäße nach dem gründlichen Reinigen auf einem sauberen Tuch umgedreht abtropfen lassen.
- Verwenden Sie einen guten, aber nicht zu scharfen Essig, Wein- oder Obstessig eignen sich besonders gut.
- Man verwendet ca. 500 ml Essig für 1 Kilogramm Gemüse.
- Als Geschmackszutaten werden Zwiebel und Knoblauch, aber auch verschiedene Kräuter, wie Thymian, Lorbeerblatt, Estragon und dergleichen, verwendet.
- Gewürze können beliebig beigegeben werden, man kann auch Gewürze und Kräuter mischen.
- Die Gefäße werden mit den Zutaten gefüllt und mit dem heißen Essigsud übergossen.
- Das Eingelegte muß unbedingt 2 cm breit mit Sud bedeckt sein, damit es nicht zu schimmeln oder zu gären beginnt.
- Beim Einfüllen des heißen Suds die Gläser auf ein feuchtes Tuch stellen, damit sie nicht zerspringen.
- Schraubgläser noch heiß verschließen, mit Etiketten versehen und kühl und dunkel aufbewahren. Das Essiggemüse frühestens nach 4 Wochen öffnen, angebrochene Gläser im Kühlschrank aufbewahren und rasch verzehren.

Buntes Gemüse nach italienischer Art

Je 500 g Melanzani, Zucchini (ungeschält), Tomaten, Paprikaschoten

250 g Brokkoli

250 g Karotten

2 Zwiebeln

2 Koblauchzehen

je 1 TL Oregano, Basilikum, Thymian, Pfeffer

etwas Einsiedehilfe

5 Lorbeerblätter

1,5 l Wasser

375 ml Rotweinessig

2 EL Zucker

5 TL Salz

Die Melanzani schälen und würfelig schneiden, bei den Zucchini den weicheren inneren Teil ausschneiden und den Rest ebenfalls würfelig schneiden. Die Tomaten mit einer Nadel mehrmals einstechen, Paprika in Stücke schneiden und Brokkoli in Röschen zerteilen. Die Zwiebeln in Ringe und die Karotten in Scheiben schneiden. Die Knoblauchzehen grob schneiden.

Die Gemüsestücke und Gewürze in einer großen Schüssel miteinander vermischen und dann in Schraubgläser füllen. In jedes Glas 1 Messerspitze Einsiedehilfe geben. Wasser, Essig, Zucker und Salz aufkochen (10 Minuten Kochzeit) und über das Gemüse gießen. Die Gläser fest verschließen und 5 Minuten auf den Kopf stellen. Nun die Gläser im Wasserbad oder Backrohr ca. 45 Minuten sterilisieren.

Eingelegte Paprika nach Art der Provence

Je 400 g gelbe und rote Paprikaschoten

2 große Zwiebeln, 5 Knoblauchzehen

je 1 TL Thymian, Oregano, Basilikum, Rosmarin

grüne Pfefferkörner

etwas Einsiedehilfe

1 l Wasser

250 ml Weißweinessig

3 EL Zucker

3 TL Salz

Die Paprikaschoten entkernen und in grobe Stücke schneiden. Die Zwiebeln in Ringe und die Knoblauchzehen in Scheiben schneiden. Alles mit den Gewürzen vermischen, in Schraubgläser schichten und in jedes Glas eine Messerspitze Einsiedehilfe geben. Einen Sud aus Wasser, Essig, Zucker und Salz zubereiten und kochend heiß über das Gemüse gießen. Die Gläser fest verschließen und 5 Minuten auf den Kopf stellen. Die Gläser nun ca. 45 Minuten sterilisieren.

Eingelegte Paprika nach ungarischer Art

1,5 kg rote, grüne und gelbe Paprikaschoten

2 El Olivenöl

250 ml Rotweinessig, 250 ml Wasser

2 EL Zucker

2 TL Salz

etwas Kren

Paprika entkernen, vierteln und in nicht zu heißem Olivenöl portionsweise glasig dünsten, in einem Sieb abtropfen lassen und den Saft auffangen. Aus dem Saft, dem Essig, Salz und Zucker einen Sud bereiten (nur gut erhitzen und nicht kochen). Die Paprikastücke mit dem grob gewürfelten Kren in Gläser schichten und nach und nach mit dem heißen Sud übergießen. Wenn keine Luftbläschen mehr aufsteigen, die Gläser verschließen.

Eingelegte Radieschen

750 g Radieschen

250 g Rote Rüben

5 Knoblauchzehen

3 EL Weißweinessig

250 ml Wasser

8 g Salz

Radieschen, Rote Rüben und Knoblauch in Scheiben schneiden und in die Gläser schichten. Wasser, Essig und Salz vermischen, aufkochen, erkalten lassen und die Gläser damit auffüllen. Gläser verschließen und etwa 1 Monat ziehen lassen.

Essiggurken

1 kg kleine Einlegegurken oder Landgurken (in Stücke geschnitten)

2 EL Salz

1 Zwiebel

frische Dille, Estragon, Senfkörner, Kren, Pfefferkörner, Lorbeerblätter

etwas Einsiedehilfe

750 ml Wasser

350 ml Essig

2 EL Zucker, 2 EL Salz

Die Gurken mit 2 Esslöffel Salz vermischen und über Nacht zugedeckt stehen lassen. Am nächsten Tag Gurkensaft abgießen und die Gurken mit Zwiebelringen, fein gehackter Dille und Estragon, Senfkörnern, Krenscheiben, Pfefferkörnern und Lorbeerblättern in Schraubgläser schichten. In jedes Glas eine Messerspitze Einsiedehilfe geben.

Wasser, Essig, Zucker und Salz vermischen, aufkochen, mit diesem Sud die Gläser auffüllen und dann verschließen. Im Wasserbad ca. 60 Minuten bei schwacher Hitze sterilisieren und dann darin auskühlen lassen.

Grüne Tomaten

500 g grüne Tomaten

150 g Schalotten oder Perlzwiebeln

250 ml Rotweinessig

5 EL Balsamicoessig

500 ml Wasser

1 TL Salz, 1 TL Zucker

etwas Einsiedehilfe

Dille, Lorbeerblätter, Senfkörner,
Pfefferkörner, Wacholderbeeren

Die Tomaten mit einer Nadel mehrfach einstechen und mit den Zwiebeln 5 Minuten in
Salzwasser kochen. Abschütten und mit
1 Messerspitze Einsiedehilfe pro Glas in
Schraubgläser füllen.

Aus Essig, Wasser, Salz, Zucker und den
Gewürzen einen Sud kochen (10 Minuten
Kochzeit) und über die Tomaten gießen. Die
Gläser gut verschließen und 5 Minuten auf
den Kopf stellen.

Kürbis nach indischer Art

2 kg Kürbisfruchtfleisch

750 ml Wasser mit Apfelessig gemischt

500 g Zucker

je 2 TL Zitronat und Orangeat

2 Zimtstangen, einige Gewürznelken,
etwas Ingwerwurzel

2 TL Salz

Das Kürbisfruchtfleisch in fingerdicke Stücke
schneiden und in Gläser einfüllen. Aus den
restlichen Zutaten einen Sud kochen
(5 Minuten Kochzeit), die Gläser damit auffüllen und verschließen. Die Gläser im
Wasserbad 30 Minuten sterilisieren und
dann im Wasserbad auskühlen lassen.

Maiskölbchen in Essig

500 g kleine Maiskolben

1 Zwiebel, 2 Knoblauchzehen

*1 EL bunte Pfefferkörner, 1 EL Senf-
körner, 5 Gewürznelken, 5 Wacholderbeeren, 2 Lorbeerblätter*

je 1 TL Rosmarin, Thymian , Salbei

1 EL Zucker, 1 TL Salz

200 ml Weißweinessig, 100 ml Wasser

Den Mais kurz in kochendem Wasser blanchieren, kalt abschrecken und gut abtropfen
lassen. Aus Essig, Wasser, Salz, Zucker,
Zwiebel, Knoblauch und den Gewürzen
einen Sud kochen (10 Minuten Kochzeit).
Das Gemüse in Schraubgläser schichten, mit
dem Kräutersud übergießen und fest
verschließen. Kühl und dunkel aufbewahren.

Pikante Jungzwiebeln

2 kg Jungzwiebeln, Salzwasser

1 l Weißweinessig, 500 ml Wasser

*1 TL Salz, 2 EL Zucker, 2 EL Koriander-
körner, 1 EL weiße Pfefferkörner,
1 TL Wacholderbeeren, 2 rote Chilischoten, 2 Lorbeerblätter, 1 Ingwerknolle, 2 TL Currypulver*

1 EL Einsiedehilfe

Jungzwiebeln schälen, waschen und in Salzwasser kurz kochen, abseihen und kalt abschrecken. Aus Essig, Wasser und Gewürzen
einen Sud kochen, nach 10 Minuten Kochzeit
Currypulver und Einsiedehilfe unterrühren.
Heiß über die in Schraubgläser gefüllten
Zwiebeln gießen und fest verschließen.

Pikante Obsttomaten

2 kg kleine Obsttomaten

4 grüne Pfefferoni

*6 Knoblauchzehen, 2 TL Thymian,
Basilikum, Salbei, Lorbeerblätter*

1,5 l Weißweinessig, 250 ml Wasser

5 EL Zucker, 1 TL Salz, 4 EL Senfkörner

Die Pfefferoni in Ringe und die Knoblauchzehen in Scheiben schneiden. Tomaten,
Pfefferoni, Knoblauch und die Kräuter miteinander vermischen und in Gläser 3/4 voll
schichten. Essig, Wasser, Zucker, Salz und die
Senfkörner aufkochen, die Gläser mit dem Sud
auffüllen, verschließen und 30 Minuten sterilisieren.

Rote Rüben

1,2 kg Rote Rüben

700 ml Apfelessig, 125 ml Wasser

80 g Zucker, 1 TL Salz

Kren, weiße Pfefferkörner,
Gewürznelken, Kümmel, Lorbeerblätter

Die Roten Rüben im Wasser garen, kalt abschrecken, die Haut abziehen und in Würfel
schneiden. Aus dem Apfelessig, dem Wasser,
Zucker und Salz einen Sud bereiten. Die
Roten Rüben mit würfelig geschnittenem
Kren, den Pfefferkörnern, Gewürznelken,
Kümmel und Lorbeerblättern in Gläser füllen, mit dem heißen Sud auffüllen, fest verschließen, 5 Minuten auf den Kopf stellen
und auskühlen lassen.

Süßsaure Gurken

2 kg Landgurken

2 l Wasser, 750 ml Essig

5 EL Zucker, 1 TL Salz

je 1 EL Dille, Senfkörner, Pfefferkörner

1 TL Wacholderbeeren, etwas Kren,
Lorbeerblätter

Die Gurken schälen, entkernen und in kleine
Stücke schneiden. Mit Salz bestreuen und
2 Stunden ziehen lassen, anschließend den
Saft abgießen. Aus Wasser, Essig Zucker und
Salz einen Sud kochen. Die Gurkenstücke in
die Gläser schichten, die Gewürze dazugeben und mit dem heißen Sud übergießen.
Verschließen und 2 Tage unter Tüchern
warm halten. Kühl und dunkel aufbewahren,
nach 3 Wochen genussfertig.

Wurzelgemüse mit Zucchini

1 kg Karotten

500 g Petersilienwurzel

500 g Zucchini

1 Ingwerknolle

700 ml Apfelessig

700 ml Apfelsaft

250 g Zucker

1 TL Salz

4 Lorbeerblätter

je 1 TL grüne Pfefferkörner, Anis, Fenchel, Koriander

Die Karotten stifteln, die Petersilienwurzel und den Ingwer in Scheiben und die Zucchini in Würfel schneiden.

Aus Apfelessig, Apfelsaft, Zucker, Salz und den Gewürzen einen Sud kochen und die Gemüse darin bissfest garen, die Zucchini und den Ingwer erst gegen Schluss dazugeben. Das Gemüse aus dem Sud nehmen und in die Schraubgläser füllen. Den Sud noch einmal kräftig aufkochen und über das Gemüse gießen. Die Gläser sofort verschließen. Kühl und dunkel aufbewahren.

Zigeunerkraut

1 kg Weißkraut

700 g Landgurken

3 grüne Tomaten

2 große Zwiebeln

2 große Karotten

5 rote, grüne und gelbe Paprikaschoten

3 EL Salz

1,5 l Wasser

500 ml Weißweinessig

2 EL Zucker

je 1 EL Pfefferkörner, Senfkörner

2 Lorbeerblätter, Estragon, Dille

1 EL Einsiedehilfe

Alle Gemüse hobeln bzw. in Streifen schneiden, mit dem Salz gut mischen und über Nacht stehen lassen. Am nächsten Tag in ein Sieb schütten und gut abtropfen lassen. Aus Wasser, Essig, Zucker und den Gewürzen einen Sud kochen und das Gemüse dazugeben. 5–10 Minuten kochen lassen. Die Einsiedehilfe einrühren, dann das Mischgemüse in Gläser füllen, fest verschließen und 5 Minuten auf den Kopf stellen. Kühl und dunkel lagern.

Einlegen in Öl

Öl an und für sich konserviert nicht, es schließt die eingelegten Zutaten allerdings luftdicht ab und verhindert dadurch deren Verderben. Um längere Haltbarkeit zu gewährleisten, müssen die Zutaten vorbehandelt werden, wie z.B. Beifügen von Salz, Vorkochen und Beifügen von Essig.

Was das Einlegen in Öl besonders attraktiv macht, ist die Tatsache, dass dadurch Farbe, Geschmack und Inhaltsstoffe weitgehend erhalten bleiben. In Öl eingelegtes Gemüse ist vielseitig verwendbar, passt ausgezeichnet zu Grillspezialitäten, und wenn das Gemüse verzehrt ist, kann man das Öl gut für Soßen und Marinaden verwenden.

Praxistipps:

- Alle Gläser, Töpfe und Flaschen müssen gründlichst gereinigt werden.
- Am besten eignen sich dunkel gefärbte Gläser oder Keramiktöpfe.
- Die Zutaten müssen von einwandfreier Qualität sein.
- Verwenden Sie nur hochwertige Öle, passend zu den eingelegten Gemüsesorten.
- Das je nach Anleitung vorbehandelte Gemüse abwechselnd mit dem Öl in die Gläser einfüllen.
- Alle Lebensmittel müssen zur Gänze mit Öl bedeckt sein (2 cm).
- Gläser verschließen und an einem dunklen und kühlen Ort aufbewahren.
- Beim portionsweisen Entnehmen von Eingelegtem immer darauf achten, dass der Rest noch ausreichend mit Öl bedeckt ist.

Gemischtes Gemüse in Öl

400 g Melanzani

200 g Zucchini

3 EL Salz

400 g rote und gelbe Paprikaschoten

200 g Zwiebeln

6 Knoblauchzehen

3 Zitronen

500 ml Olivenöl

Rosmarin

Thymian

Melanzani und Zucchini in grobe Würfel schneiden, mit 2 Esslöffel Salz vermischen und stehen lassen, bis der Saft ausgetreten ist. Abspülen und mit Küchenpapier trockentupfen.

Schale von 1 Zitrone und Saft von allen 3 Zitronen vermischen und das restliche Salz einrühren. Die Paprikaschoten in Streifen schneiden, die Zwiebeln achteln und die Knoblauchzehen schälen. Melanzani, Paprika, Zwiebeln und Knoblauch mit etwas Öl in einer Pfanne anrösten und anschließend in den Zitronensaft einlegen.

Zugedeckt 1 Stunde ziehen lassen. Dann das Gemüse mit den Kräutern in die Gläser schichten. Das Öl mit der Zitronenmarinade verrühren, erhitzen und über das Gemüse gießen. Die Gläser verschließen und ca. 6 Wochen ziehen lassen.

Getrocknete Tomaten in Öl

2 kg kleine Tomaten

Kräutersalz

getrocknetes Basilikum und Oregano

getrocknete Knoblauchscheiben

getrocknete Pfefferoni

Olivenöl

Die Tomaten halbieren, aber so, dass die Hälften noch aneinander hängen. Im Backrohr (Heißluft ca. 40 °C) trocknen, dabei die Tür einen Spalt breit offen lassen. Innen sollten die Tomaten noch etwas weich sein. Nun die Innenflächen der getrockneten Tomaten mit etwas Kräutersalz, den getrockneten Kräutern, den zerriebenen Knoblauchscheiben und den zerbröselten Pfefferoni würzen, zusammenklappen, ganz dicht in Gläser schichten, mit Olivenöl übergießen und verschließen. 2 Wochen an einem kühlen, dunklen Ort durchziehen lassen.

Knoblauchwürze in Olivenöl

2 große Knoblauchknollen (ca. 100 g)

7 g Meersalz

100 ml Olivenöl

Die Knoblauchzehen schälen und fein hacken, mit den übrigen Zutaten gut vermischen und durchrühren. Die Knoblauchwürze in kleine Gläser füllen, verschließen und an einem kühlen und dunklen Ort aufbewahren.

Kräuterwürze in Öl

100 g frische Kräuter (Petersilie, Schnittlauch, Thymian, Basilikum, Bärlauch, Sauerampfer)

7 g Salz

100 ml Maiskeimöl

1 g Zitronensäure

Die Kräuter hacken und so lange mit den übrigen Zutaten verrühren, bis sich das Salz ganz aufgelöst hat. Die Kräuterwürze in kleine Gläser füllen, verschließen und kühl und dunkel aufbewahren.

Roter Paprika in Olivenöl

Rote Paprikaschoten

Olivenöl

Die Paprikaschoten auf eine Gabel spießen und über die offene Flamme des Gasherdes halten, bis die Haut angekohlt ist und Blasen wirft. Die Schoten auskühlen lassen und die Haut abziehen. Die Paprikaschoten in Streifen schneiden, trockentupfen, in Einmachgläser schichten und mit so viel Olivenöl auffüllen, dass die Schoten vollständig bedeckt sind.

Melanzani in Öl

1 kg Baby-Melanzani

Salz, 2 Zitronen

6 Knoblauchzehen

500 ml Olivenöl

Die Melanzani ein paar Minuten dämpfen, die Zitronen und die Knoblauchzehen in Scheiben schneiden. Alles zusammen mit dem Salz in Gläser füllen, das Olivenöl auf 80 °C erhitzen und vorsichtig über die Melanzani gießen, bis sie vollständig bedeckt sind. Gläser verschließen und ca. 4 Wochen ziehen lassen.

Schwammerln in Olivenöl

1 kg Eierschwammerln

4 Knoblauchzehen

1 TL Pfefferkörner

Salz

3 Thymianzweige

1 Lorbeerblatt

Olivenöl

Die Eierschwammerln putzen und je nach Größe halbieren oder ganz lassen. Anschließend in etwas Öl anbraten und den Knoblauch nur kurz mitrösten. Die Gewürze dazugeben, in Gläser füllen und mit dem Olivenöl übergießen.

Die Gläser verschließen und an einem kühlen und dunklen Ort aufbewahren.

Trocknen und Dörren

Einen Vorrat an getrockneten Früchten, Gemüse und Kräutern zu haben, kann nie schaden, besonders dann nicht, wenn überraschend Besuch kommt. Auch diese Art der Bevorratung ist schon seit Jahrtausenden bekannt, besonders im Mittelmeerraum ist diese Methode durch die geographische Lage sehr verbreitet. Getrocknete Nahrungsmittel sind sehr lange haltbar und müssen vor dem Gebrauch nur in Wasser eingeweicht werden, dadurch verringert sich die Kochzeit.

Getrocknete Pilze, Gemüse und Kräuter bereichern pikante Gerichte und stellen einen fast unverderblichen Vorrat dar. Trockenfrüchte eignen sich nicht nur bestens für Kuchen und Desserts, sondern geben auch einen wertvollen und köstlichen Snack für zwischendurch ab, denn sie enthalten Vitamine und Mineralstoffe in konzentrierter Form. Trockenfrüchte können auch hervorragend als Süßungsmittel eingesetzt werden.

Beim Trocknen wird durch warme Luft, die zirkuliert, den Lebensmitteln Wasser entzogen und dadurch auch die Bildung von Schimmel verhindert. Getrocknete Früchte und Gemüse weisen einen intensiveren Geschmack und konzentriertere Inhaltsstoffe auf. Die Kosten für das Trocken sind sehr gering, wenn man natürliche Wärmequellen, wie Sonne und Luft, dafür nützt.

Man kann aber natürlich auch im Backrohr oder in einem Dörrgerät trocknen.

Arbeitsgeräte

Für das Trocknen von Früchten und Gemüse müssen in der Regel kaum Anschaffungen getätigt werden, denn alles, was man dazu braucht, ist meistens in den Haushalten vorhanden.

- Küchenmesser, Apfelausstecher und Kirschentsteiner.
- Dickes Baumwollgarn zum Auffädeln.
- Backgitter und Backblech.
- Eventuell spezielle Trockengitter, die zum Trocknen in der Luft verwendet werden.
- Eventuell Dörrgerät, das sich aber nur lohnt, wenn tatsächlich größere Mengen getrocknet werden.
- Verschiedene Gefäße zum Aufbewahren, wie Gläser, Dosen, Plastikbeutel zum Verschließen.

Früchte, Gemüse, Pilze und Kräuter

- Nur einwandfreies und frisches Obst und Gemüse verwenden.
- Früchte mit hohem Fruchtzuckeranteil lassen sich am besten trocknen und schmecken auch besonders intensiv (Äpfel, Birnen, Zwetschken, Marillen, Kirschen).
- Suppengemüse, Tomaten und Paprika sind gut zum Trocknen geeignet.
- Verschiedene Pilze wie Steinpilze, Eierschwammerln aber auch Champignons können gut getrocknet werden. Mann kann getrocknete Pilze auch zu Mehl mahlen und dieses als feines Würzmittel Suppen und Soßen beifügen.
- Kräuter und Pilze sollte man gleich nach dem Sammeln verarbeiten und trocknen, damit Geschmack und Inhaltsstoffe erhalten bleiben.
- Kräuter werden früh am Morgen und vor der Blüte gepflückt.
- Das Trockengut je nach Rezeptanleitung vorbereiten und verarbeiten.

Das Trocknen

- Möglichst gleichmäßige, niedrige Temperatur ist erforderlich.
- Das Trockengut sollte in Art und Größe möglichst gleich sein und bestimmt dadurch auch die Trockendauer.
- Während des Trocknens regelmäßige Kontrollen durchführen.
- Ist der Trocknungsvorgang abgeschlossen, muß das Trockengut vollständig ausgekühlt sein, bevor man es in Vorratsbehälter gibt und luftdicht verschließt.
- An einem trockenen und dunklen Ort aufbewahren.
- Lufttrocknung ist in unseren Breiten nur bedingt anwendbar, am ehesten noch für Kräuter und Pilze. Gut geeignet dafür ist ein ausreichend durchlüfteter Dachboden.

- Kräuter werden gebündelt und verkehrt aufgehängt, Pilze kann man gut auf Schnüre auffädeln, oder man legt das Trockengut auf Backbleche, Gitter oder Siebe.

- Beim Trocknen im Backrohr sollte man die Backrohrtür immer einen Spalt breit offen lassen, damit Feuchtigkeit entweichen kann.
  Die Idealtemperatur beträgt 50 °C und funktioniert am besten mit Heißluft. Immer wieder kontrollieren, Trockengut umdrehen und umschichten.

- Bei der Verwendung eines elektrischen Dörrapparates unbedingt die Gebrauchsanweisung des Herstellers beachten! Mehrere Siebeinsätze können gleichzeitig belegt werden, aber nicht zu dicht, damit die Luftzirkulation nicht beeinträchtigt wird.

Apfelringe

Äpfel beliebiger Sorten

Von den Äpfeln das Kernhaus ausstechen und sie ungeschält in 5 mm breite Scheiben schneiden, auf Trockengittern oder auf mit Pergamentpapier belegten Backblechen oder Tabletts ausbreiten und in der Sonne oder im mäßig warmen Ofen trocknen. Ab und zu durchmischen.

Die getrockneten Früchte in Körben aufbewahren und gelegentlich durchschütteln. Später können sie auch in Stoffsäckchen oder Papiertüten aufbewahrt werden. Man kann die Apfelringe auch auf Fäden oder Stäbe ziehen und sie dann trocknen.

Getrocknete Pilze

Steinpilze (Herrenpilze)
Butterpilze
Maronenröhrlinge
Morcheln
Trompetenpilze
Birkenpilze
Champignons

Die Pilze nicht waschen, aber gut putzen und in Scheiben schneiden, die kleinen ganz lassen. Die Pilze auf Trockengitter legen und im Freien oder im Backrohr sehr langsam trocknen. Man kann die Pilze auch auf einen Faden auffädeln und sie dann an einem luftigen Ort trocknen.

Vor der Verwendung in kaltem Wasser einweichen.

Kletzen (gedörrte Birnen)

Birnen nach Wahl

Die Birnen je nach Größe halbieren, vierteln oder ganz lassen, je nach Geschmack das Kernhaus entfernen, aber in jedem Fall mit Schale auf Backbleche verteilen und im warmen Backrohr bei ca. 50–75 °C oder im Dörrapperat trocknen. Sie sollen noch etwas biegsam sein. In Körben nachtrocknen lassen und in Stoffsäckchen aufbewahren.

Kräuter der Provence

Rosmarin

Basilikum

Oregano

Thymian

Bohnenkraut und Salbei

Die Kräuter zu losen Sträußen bündeln und an einem warmen und luftigen Ort aufhängen und trocknen.

Die Kräuter nach dem Trocknen rebeln, vermischen und in Gläsern aufbewahren.

Salatkräutermischung

Petersilie

Dille

Estragon

Liebstöckel

Basilikum

Zitronenmelisse

Die Kräuter zu kleinen, lockeren Sträußen binden und an einem warmen, gut durchlüfteten Ort aufhängen. Man kann sie natürlich auch auf Trockengitter in dünnen Schichten auflegen und trocknen.

Wenn die Kräuter trocken sind, die Blätter abstreifen, vermischen und in Gläser füllen.

Suppengemüse

frische Küchenkräuter

Sellerieblätter

Lauch

Karotten

Sellerie

Petersilienwurzeln

Pastinaken

Das Gemüse je nach Sorte schälen, klein schneiden, kurz blanchieren und kalt abschrecken. Die Kräuter fein hacken.

Alles auf mit Pergamentpapier ausgelegten Tabletts oder Backblechen in der Sonne oder dem mäßig warmen Ofen (50 °C) trocknen lassen. Gelegentlich durchmischen.

Essig ansetzen

Essig ist genauso alt wie der Wein. Alle alten Völker, die Wein und Bier kannten und sich daran erfreuten, die Ägypter, Assyrer, Babylonier, Griechen, Römer und Germanen kannten und verwendeten auch Essig.

Bei der Vergärung alkoholischer Flüssigkeiten unter Zugabe von Essigbakterien entsteht Essig. Wichtig für diesen Prozess sind Sauerstoff und Wärme, und so erklärt es sich auch, dass sich Wein in Essig verwandeln kann, wenn er ein paar Tage an einem warmen Platz offen steht. Essigbakterien sind überall zu finden, in der Luft und auf und in den Früchten, speziell in Regionen, wo vermehrt Obst und Wein angebaut wird. In diesen Gegenden können die Essigbakterien auch von den Essigfliegen übertragen werden.

Man kann Essig sehr leicht selbst aus Wein oder Früchten herstellen, und wenn man ihn dann noch mit Kräutern aromatisiert, erhält man eine Delikatesse, die sich bestens als Geschenk und Mitbringsel eignet.

Essig ist aber nicht nur ein nicht wegzudenkendes Genussmittel, es ist auch ein weit verbreitetes und bestens bewährtes Heilmittel. Das Wissen darum machten sich auch schon die Ägypter, Assyrer und Babylonier zunutze. Äußerlich und innerlich angewendet soll er zahlreiche Leiden lindern, wie z.B. Darmerkrankungen und Entzündungen. Er desinfiziert die Mundhöhle und die Schleimhäute und wirkt blutdrucksenkend. Er stärkt den Aufbau von Knochen und Zähnen und fördert als Badezusatz die Durchblutung von Haut und Bindegewebe.

Denken wir nur an Apfelessig, der in den letzten Jahren als Heilmittel sehr populär wurde. In den wärmeren Ländern wird Essig sehr häufig mit Wasser verdünnt und als Erfrischungsgetränk gereicht, das hervorragend den Durst löscht.

Arbeitsgeräte

Will man nur einmal die Essigherstellung ausprobieren, so ist kein spezielles Inventar dafür nötig, sondern es reicht ein Gefäß und ein Stück Stoff. Wenn man die Essigherstellung zu seinem Hobby erklärt, dann lohnt es sich, sich einige Utensilien anzuschaffen.

- Gärgefäß aus Edelstahl oder Glas
- Tuch aus Gaze
- Thermometer
- Messgeräte zum Bestimmen des Säure- und Alkoholgehalts
- Schöpflöffel
- Diverse Siebe

Wie Essig entsteht

- Der Essigansatz muss an einem warmen Ort offen stehen, damit sich frei lebende Essigbakterien ansiedeln können, oder man setzt ihm Essigkulturen zu.
- Nach ein paar Tagen bildet sich durch den Gärvorgang an der Oberfläche eine Kahmhaut, auch Essigmutter genannt.
- Dann Wein dazugeben und den Essig einige Wochen reifen lassen.

Ansetzen von Essig

- Am besten eignen sich Weine aus biologischem Anbau, denn je besser die Qualität des Weines, desto hochwertiger wird auch der Essig.
- Wein in ein Gärgefäß geben und auf 26 °C erwärmen. Essigmutter (im Handel erhältlich) dazugeben, damit die Gärung in Gang gesetzt wird.
- Mit Hilfe von speziellen Plastikkugeln kann man auch Essigbakterien von einem Essigansatz auf den anderen übertragen.
- Mit einem Tuch verschließen und nach ca. 2 Wochen mit Wein auffüllen, nachdem sich eine Kahmhaut gebildet hat.
- Nach weiteren 2 Wochen wieder mit Wein verlängern und so lange fortsetzen, bis die gewünschte Menge Essig erreicht ist.
- Wenn der Essig fertig ist, filtern, in Flaschen abfüllen, verkorken und an einem kühlen und dunklen Ort stehend aufbewahren.

Aromaessige

Essig eignet sich besonders gut dazu, fremde Aromen aufzunehmen. Durch Kräuter und Gewürze entstehen individuelle Spezialitäten, die einzigartig sind in Geschmack und Würzkraft und so manchem Feinschmecker große Freude bereiten.

- Am besten eignen sich Obst- und Weinessig.
- Eine Vielzahl an Kräutern stehen zum Aromatisieren zur Verfügung, wie z. B. Thymian, Basilikum, Oregano, Lorbeer, Dille, Bärlauch, Estragon ...
- Gewürze, wie bunter Pfeffer, Knoblauch, Senfkörner, Ingwer, Wacholder, Zitronenschale etc. können dem Essig beigefügt werden.
- Kräuter und Gewürze in vorbereitete Flaschen und Gläser geben und mit dem Essig auffüllen.
- Verschließen und ca. 3 Wochen ziehen lassen. Anschließend die Gewürzzutaten entweder abseihen oder in der Flasche lassen. Je länger die Kräuter in der Flasche bleiben, umso intensiver wird der Geschmack.
- Auch Blüten und Früchte eignen sich zum Aromatisieren von Essig. Holunderblüten, Veilchen, Ringelblumen, Erdbeeren, Himbeeren etc. geben dem Essig interessante Geschmacksrichtungen.

Würzöle

Aromatisierte Öle sind nicht nur eine kulinarische Bereicherung für jeden Liebhaber guten Essens, sie stellen auch eine optische Bereicherung für jede Küche dar, da sie sehr dekorativ sind. Würzöle sind einfach und schnell hergestellt und bieten eine unglaubliche Geschmacksvielfalt.

- Öle mit nicht zu starkem Eigengeschmack verwenden, damit die zarten Aromen der Kräuter und Gewürze besser zur Geltung kommen.
- Nur hochwertige Produkte verwenden, denn nur dann ist auch ein qualitativ hochwertiges Resultat garantiert.
- Verwenden Sie nur getrocknete Kräuter, denn durch frische Kräuter wird das Öl nach und nach trüb.
- Besonders beliebt sind Basilikum, Oregano, Estragon, Rosmarin, Salbei, Thymian, Lorbeer etc.
- Dem Öl immer auch Salz beigeben, damit es nicht ranzig wird.
- Gewürze, wie Fenchel, Anis und Kümmel entfalten ihr Aroma noch besser, wenn sie vorher in einer trockenen Pfanne kurz angeröstet werden.
- Sehr gut eignen sich auch Pfefferoni, Zitronen- und Orangenschalen, getrocknete Pilze und Tomaten, Knoblauch, Pfefferkörner, Gewürznelken etc.
- Alle Zutaten immer zur Gänze mit Öl bedecken, sonst beginnen sie zu schimmeln.
- Würzöle immer vor Sonnenlicht geschützt an einem kühlen und trockenen Ort lagern.

Basilikumöl

200 g Basilikum

1 l mildes Olivenöl

Das Öl in einem Topf vorsichtig erhitzen.
Basilikum in eine Flasche geben und mit
dem Öl übergießen. Gut verschlossen
ca. 4 Wochen ziehen lassen.

Blütenessig

1 Handvoll Blüten ohne Stiele (Veilchen,
Holunderblüten, Schlüsselblumen ...)

1 l Weißweinessig

1 Gewürznelke

1/2 Zimtstange

Die Blüten nach Wahl in ein Glas geben, Gewürze dazugeben, mit Essig übergießen, gut
verschließen und 14 Tage an ein sonniges
Fenster stellen, gelegentlich durchschütteln.
Durch ein feines Tuch in eine Flasche abfüllen.

Chiliöl

50 g frische rote Chilischoten

1/2 TL Korianderkörner

1/2 l Sonnenblumenöl

Die Chilischoten kurz in kochendes Wasser
tauchen und dann abtrocknen. Die Schoten
leicht andrücken und mit den Koriander-
körnern in ein Glas geben. Mit dem Öl
aufgießen und fest verschließen.

Himbeeressig

300 g Himbeeren

1 l Apfel- oder Weißweinessig

Den Essig 2 Minuten kochen und dann abkühlen lassen. Die zerkleinerten Himbeeren
in ein großes Glas geben und mit dem Essig
übergießen. Gut verschlossen 14 Tage ziehen
lassen. Gelegentlich umrühren. Durch ein
feines Tuch in Flaschen abfüllen

Kräuteressig

Estragon, Thymian, Rosmarin, Weinraute, Lavendel, Basilikum, Lorbeer

Knoblauchzehen, Pfefferkörner, Senfkörner, Gewürznelken, Wacholderbeeren

Schalotten, Pfefferoni

1 l Apfel- oder Weißweinessig

Die Kräuter, die Gewürze und den Essig in ein Glas geben und 2 Wochen durchziehen lassen. Den Essig filtern und in Flaschen abfüllen, etikettieren.

Krenessig

100 g Kren

1 EL Pfefferkörner

1 EL Senfkörner

1 Zimtstange

etwas Salz

1 TL Gewürznelken

1 l Apfelessig

Den Kren in Scheiben schneiden und zusammen mit den anderen Würzzutaten in ein Mullsäckchen einbinden. Zusammen mit dem Essig und dem Salz aufkochen und ca. 10 Minuten köcheln lassen. Durchfiltern, in Flaschen füllen und verschließen.

Kräuteröl

1 l Olivenöl

8 Knoblauchzehen

1 EL grob gemahlener schwarzer Pfeffer

3 Rosmarinzweige

3 Thymianzweige

etwas Salz

Die Knoblauchzehen in Scheiben schneiden, mit Salz bestreuen und zerdrücken, mit dem Pfeffer und den Kräutern in einen Topf geben und mit dem Olivenöl übergießen. Zugedeckt 1 Woche stehen lassen, gelegentlich umschwenken. Durch ein sauberes Tuch in eine mit Kräuterzweigen versehene Flasche abseihen.

Steinpilzöl

20 g getrocknete Steinpilze

4 Salbeiblätter

1 TL bunte Pfefferkörner

1 TL grobes Salz

500 ml Sonnenblumenöl

Steinpilze, Salbeiblätter und Gewürze in ein hohes Schraubglas füllen. Mit Sonnenblumenöl auffüllen und 3 Wochen ziehen lassen.

Chutneys, Relishes, Ketchup und Würzsoßen

Hinter diesen exotischen Namen verbergen sich pikant-scharfe Soßen, die ihren Ursprung in Ostindien haben. Aus den ehemaligen englischen und holländischen Kronkolonien gelangten diese würzigen Spezialitäten zunächst nach Europa und fanden dann auf der ganzen Welt Verbreitung. Die Grundlage von Chutneys bilden verschiedene Früchte, frisch oder getrocknet, und Gemüse. Unter Beigabe von Essig, Zucker und Gewürzen, wie Ingwer, Curry, Zimt, Pfeffer oder etwa Chili wird alles dick eingekocht.

Für Relishes werden die Zutaten meist feiner zerkleinert und sie sind dadurch in ihrer Konsistenz breiiger als Chutneys. Sie werden aus Gemüse und Zwiebeln hergestellt und enthalten weniger Zucker.

Ketchup ist urprünglich eine exotisch gewürzte ostindische Pilzsoße. Ketchup wird schwächer gewürzt als Chutneys, denn bei ihnen stehen nicht die Gewürze, sondern die Grundzutaten im Vordergrund. Bei uns ist das Tomatenketchup am weitesten verbreitet.

Diese würzig-pikanten Soßen passen hervorragend zu Fleisch und Geflügel und dürfen bei keinem Grillabend fehlen. Sie ergänzen aber auch wunderbar Reis- und Nudelgerichte und werden auch gerne zu Fondue gereicht.

In der Herstellung sind diese scharf gewürzten Tafelsoßen einfach, und jeder kann seine Würzung selbst bestimmen. In dekorative Gläser abgefüllt sind das beliebte kulinarische Geschenke, die, kühl und dunkel gelagert, ca. 3–6 Monate haltbar sind.

Praxistipps

Arbeitsgeräte

Für die Herstellung von Chutneys, Relishes und Ketchup benötigt man im Grunde die gleichen Küchenutensilien wie für das Einmachen von Obst und Gemüse.

- Großer Edelstahltopf mit dickem Boden.
- Schöpflöffel und Kochlöffel.
- Küchenwaage, damit die Zutaten exakt abgewogen werden können.
- Passiersieb.
- Gläser mit passenden Deckeln.
- Etiketten zum Beschriften.

Das Herstellen der Würzsoßen

Die Grundlage bilden Früchte und Gemüse, und je nach Rezept, Zwiebeln und Chilischoten. Diese werden mit Gewürzen versehen, mit Essig und Zucker eingekocht und in Gläser gefüllt.

- Gläser gründlich reinigen, mit heißem Wasser ausspülen und umgedreht auf einem sauberen Tuch abtropfen lassen.
- Am besten eignet sich Wein- oder Obstessig.
- Die Gläser zum Einfüllen der heißen Würzsoßen auf ein feuchtes Tuch stellen, damit sie nicht zerspringen. Anschließend sofort verschließen.
- Die verschlossenen Gläser mindestens 3–4 Wochen an einem kühlen und dunklen Ort ziehen lassen, bevor sie geöffnet werden. Nur so kann sich ihr Aroma voll entfalten.
- Bereits geöffnete Gläser im Kühlschrank aufbewahren und rasch verzehren.

Apfelchutney

- 1 kg saure Äpfel
- 500 g Zucker
- 125 g Rosinen
- 100 g Mandelblättchen
- 2 grüne Paprika
- je 1 TL Senfkörner, Ingwerpulver
- 1 TL Chilipulver und Cayennepfeffer
- Saft von 3 großen Knoblauchzehen
- 1 EL Salz
- 2 kleine Tassen Weinessig

Die Äpfel schälen, würfelig schneiden und mit dem Zucker und etwas Wasser unter ständigem Rühren weich kochen. Die restlichen Zutaten nach und nach dazugeben und nochmals unter Rühren köcheln lassen. Erkalten lassen und in kleine Gläser abfüllen. 2–3 Wochen ruhen lassen.

Apfelchutney mit Zwiebeln

- 1 kg saure Äpfel
- 300 g klein geschnittene Zwiebeln
- 2 EL Sonnenblumenöl
- 350 g Rohrzucker
- 300 ml Rotweinessig
- 2–3 Chilischoten
- je 1 TL Salz, bunte Pfefferkörner, Thymian, Ingwer, Senfkörner und Cayennepfeffer
- 2 Lorbeerblätter

In einem großen Topf die Zwiebeln in Öl anschwitzen, 1/3 des Zuckers dazugeben und etwas karamellisieren lassen, dann mit dem Essig ablöschen. Nun die in Würfel geschnittenen Äpfel und alle Gewürze dazugeben. Bei schwacher Hitze ca. 30 Minuten einkochen lassen. Noch heiß in Schraubgläser abfüllen.

Apfelwürzsoße mit Kräutern

2 kg saure Äpfel

1 kg Gelierzucker

Saft von 1 Zitrone

frische Kräuter, z.B. Majoran, Rosmarin, Thymian, Basilikum, Bohnenkraut, Salbei ...

Die Äpfel ungeschält mit dem Kernhaus in Stücke schneiden und mit wenig Wasser weich kochen. Abkühlen lassen. Über Nacht durch ein Tuch abseihen. Den gewonnenen Saft mit dem Zitronensaft und Gelierzucker unter ständigem Rühren kochen. Gelierprobe machen. Die fein gehackten Kräuter untermischen, noch einmal kurz aufkochen lassen und in kleine Schraubgläser abfüllen.

Johannisbeerwürzsoße

1 kg reife Johannisbeeren

100 g Zwiebeln

100 g brauner Zucker

je 1 TL Ingwerpulver, Pfeffer, Salz

1 Prise Nelkenpulver

125 ml Weinessig

Die Zwiebeln klein schneiden und zusammen mit den anderen Zutaten unter gelegentlichem Rühren ca. 1 Stunde köcheln lassen. Durch ein Sieb streichen und nochmals aufkochen, abschmecken und heiß in Schraubgläser abfüllen.

Kürbischutney

- 2 fein geschnittene Zwiebeln
- 600 g Kürbisfleisch
- 3 EL Sonnenblumenöl
- 125 ml Weißweinessig
- 5 EL Balsamicoessig
- 400 g saure Äpfel
- 4 Knoblauchzehen
- 100 g Rosinen
- je 1 TL Ingwerpulver und Senfpulver
- 1 EL grüner Pfeffer
- je 1 TL Zimtpulver, Nelkenpulver und Zitronenschale
- 2–3 getrocknete zerriebene Chilischoten
- 1 TL Salz
- 5 EL Kandiszucker
- ca. 1 Tasse Wasser

Zwiebeln in Öl anschwitzen, in Würfel geschnittenen Kürbis dazugeben und mit Weinessig und Balsamicoessig ablöschen. 10 Minuten köcheln lassen, die Apfelwürfel, die Gewürze und den Zucker dazugeben. 1 Tasse Wasser nach und nach dazugeben und dann ca. 30 Minuten einkochen.

Noch heiß in die Gläser füllen.

Mais-Relish

- 10 Maiskolben
- 1 rote und 1 gelbe Paprikaschote
- 2 große Zwiebeln
- 300 g Rohrzucker
- je 1 TL Salz und zerstoßene Senfkörner
- ca. 500 ml Apfelessig
- 1 TL Currypulver

Alle Zutaten zerkleinern, ca. 30 Minuten unter ständigem Rühren köcheln lassen und heiß in Schraubverschlussgläser abfüllen.

Mangochutney

....
2 Mangos
....
500 g Äpfel
....
150 g Rosinen
....
2 EL Ingwer
....
je 1 TL Nelkenpulver, Zimt
....
etwas Pfeffer, etwas Muskatnuss
....
200 g Zucker
....
500 ml Wasser
....
125 ml Weißweinessig
....
1 TL Einsiedehilfe
....
4 EL Maraschino
....

Mangos und Äpfel schälen und klein schneiden, mit Rosinen, Gewürzen, Zucker und Wasser unter Rühren zum Kochen bringen und ca. 20 Minuten unter ständigem Rühren bei schwacher Hitze köcheln lassen.

Eventuell pürieren, aber so, dass noch Fruchtstücke erhalten bleiben. Essig, Maraschino und Einsiedehilfe dazugeben, nochmals aufkochen lassen, sofort randvoll in Gläser füllen und fest verschließen.

Preiselbeersoße

....
600 g Preiselbeeren
....
2 Orangen
....
500 g Gelierzucker
....
1 TL gemahlener schwarzer Pfeffer
....
1 TL Ingwerpulver
....
1 Prise Kardamom
....

Die gewaschenen Preiselbeeren mit dem Saft der Orangen, den klein geschnittenen Orangenschalen und dem Gelierzucker in einem hohen Gefäß ca. 10 Minuten pürieren, würzen, noch einmal gut durchrühren und in Schraubgläschen, nicht zu voll, abfüllen.

An einem kühlen Ort aufbewahren.

Relish mit grünen Tomaten

1,5 kg grüne Tomaten

500 g Zwiebeln

8 Knoblauchzehen

1/8 l Olivenöl

2 rote Pfefferoni

500 ml Weißweinessig

1 EL Petersilie

3 EL Basilikum

1 EL Liebstöckel

1 EL Sellerieblätter

1 TL Thymian

3 Lorbeerblätter

150 g Rohrzucker

1 EL Salz

etwas Lebkuchengewürz

Zwiebel und Knoblauch fein schneiden und im Olivenöl glasig dünsten, Tomatenstücke und Pfefferonistreifen dazugeben. 1o Minuten dünsten, mit dem Essig ablöschen, Zucker, Salz und Gewürze dazugeben und noch ca. 30 Minuten unter ständigem Rühren köcheln lassen. In Schraubgläser abfüllen.

Ribiselchutney

1 kg rote Ribiseln

200 g Preiselbeeren

Schale von 1 Orange

Saft von 2 Orangen

125 ml Rotwein

125 ml Rotweinessig

1 Zimtstange

6 Gewürznelken

2 TL Kräuter der Provence

1 TL Paprikapulver

2 EL Orangenlikör

etwas Salz

150 g Zucker

Ribiseln und Preiselbeeren waschen und abtropfen lassen. Die Orangenschale dünn schälen und in Streifen schneiden.

Den Rotwein mit dem Orangensaft, dem Zucker, dem Zimt und den Nelken aufkochen, vom Herd nehmen, Zimt und Nelken entfernen, die Früchte dazugeben und 6 Stunden ziehen lassen. Dann Essig, Salz, Kräuter und Paprikapulver dazugeben und einköcheln. Mit Orangenlikör abrunden.

Noch heiß in Gläser einfüllen, fest verschließen und kühl und dunkel lagern.

Tomatenketchup

- 1,5 kg Fleischtomaten
- 500 g Zwiebeln
- 3 große Knoblauchzehen
- 250 ml Rotweinessig
- 4 EL Honig
- 1 TL Salz
- 4 Lorbeerblätter
- 1 EL Paprikapulver
- je 1 TL Muskatnuss, Korianderpulver, Nelkenpulver
- je 2 TL Thymian und Basilikum
- 1 TL Pfeffer
- je 1 Bund Petersilie, Liebstöckel, frisches Basilikum

Die Tomaten in Stücke schneiden, die Zwiebeln und den Knoblauch klein schneiden und in einem großen Topf mit allen anderen Zutaten ca. 60 Minuten unter ständigem Rühren köcheln lassen. Durch ein Haarsieb in einen zweiten Topf streichen, dabei alle Rückstände gut ausdrücken. Nochmals aufkochen und heiß in Gläser füllen.

Kühl lagern. Wenn man die Gläser im Wasserbad noch einmal sterilisiert, hält sich das Ketchup 1 Jahr.

Für mehr Schärfe nach Belieben Cayennepfeffer, Chili und Tabasco dazugeben.

Tomaten-Zucchini-Chutney

- 800 g feste Tomaten
- 500 g Zucchini
- 300 g Zwiebeln
- 3 Knoblauchzehen
- 3 frische Pfefferoni
- je 3 EL Petersilie, Basilikum, Oregano und Liebstöckel
- 300 ml Apfelessig
- 500 g Rohrzucker
- 1 EL Salz
- 3 EL Senfkörner
- 4 Gewürznelken
- 1 Zimtstange

Die Tomaten kurz in kochendes Wasser geben, enthäuten und vierteln, dabei den Stängelansatz entfernen und in kleine Stücke schneiden. Essig, Zucker und Gewürze (ohne die Kräuter) zum Kochen bringen, Tomaten, klein geschnittene Zucchini, Zwiebeln, Knoblauch und Pfefferoni dazugeben und ca. 3o Minuten köcheln lassen. Die Zimtstange und Gewürznelken entfernen, die Kräuter dazugeben, nochmals 3 Minuten köcheln lassen und heiß in Schraubgläser abfüllen.

Zwiebelchutney

1 kg Zwiebeln

3 EL Sonnenblumenöl

30 ml Apfelessig

3 rote Pfefferoni

3 grüne Pfefferoni

1 gelbe Paprikaschote

100 g Rohrzucker

1 TL Salz

2 TL Currypulver

ca. 1 Tasse Wasser

Die Zwiebeln klein schneiden und in Öl unter ständigem Rühren glasig werden lassen, dann mit dem Essig ablöschen. Die klein geschnittenen Pfefferoni und Paprika, Zucker und Salz beigeben, nach und nach das Wasser dazugeben und unter ständigem Rühren ca. 45 Minuten köcheln lassen. Gegen Ende der Kochzeit das Currypulver einrühren.

Wenn das Chutney die richtige dickliche Konsistenz hat, kann man es in Gläser abfüllen und verschließen.

Senf und Würzpasten

Bereits im 4. Jahrhundert v. Chr. würzten die Griechen mit Senf und der Senf aus Zypern galt als besondere Delikatesse. Im 8. Jahrhundert fand der Senf dann Verbreitung in ganz Mitteleuropa.

Senf besteht aus gemahlenen Senfkörnern, vermischt mit Essig, Weinmost und weiteren Geschmackszutaten.

Die Senfpflanze war ursprünglich in Südeuropa beheimatet, ist eine sehr anspruchslose Pflanze und mit dem Raps verwandt. Die Samen dieser Pflanze werden getrocknet, gemahlen und dienen so als Grundlage für die würzige Paste. Es gibt verschiedene Arten von Senfpflanzen, für die Senfherstellung werden hauptsächlich der schwarze, braune und weiße Senf herangezogen. Der weiße Senf ist mild im Geschmack, der schwarze Senf ist besonders scharf-würzig, der braune Senf wird ebenfalls zu scharfem Senf verarbeitet.

Aber nicht nur als Genussmittel ist Senf bekannt, ihm wird auch eine heilende Wirkung nachgesagt. Nimmt man etwa regelmäßig morgens Senfkörner, so soll das dem Schlaganfall entgegenwirken, weiters soll Senf bei Rheuma, Bronchitis und Magenleiden lindernd wirken.

Senfkörner enthalten Senföle, die die Schärfe ausmachen und aber auch heilende Inhaltsstoffe besitzen. Die gemahlenen Senfkörner haben eine konservierende Wirkung, wodurch auf Konservierungsmittel verzichtet werden kann.

Abgesehen von Senf gibt es noch vielerlei delikate Kräuterwürzpasten, die Nudelgerichte, Salate und Soßen hervorragend würzen oder sich einfach aufs Brot streichen lassen.

Verschiedene Senfsorten

Dijon-Senf

ist ein scharfer Senf aus braunen oder schwarzen Senfkörnern. Das Herstellungsverfahren dieses Senfs unterscheidet sich von den herkömmlichen Methoden. Die Senfkörner werden nicht zermahlen, sondern sie werden in Wasser, Most oder Essig eingeweicht und nach dem Aufquellen mit dem Mixstab püriert.

Kräutersenf

erhält sein typisches Aroma durch die Zugabe von verschiedenen Kräutern oder auch nur einer einzelnen Kräutersorte.

Milder Senf

entsteht durch die Verarbeitung von weißem Senf, dem etwas brauner Senf beigefügt wird, damit er mehr Schärfe erhält.

Scharfer Senf

bekommt seine Schärfe durch braune Senfkörner.

Süßer Senf

wird aus weißen und braunen Senfkörnern hergestellt, denen Zucker beigemischt wird.

Arbeitsgeräte

- Küchenwaage für das exakte Abwiegen der Zutaten.
- Elektrische Kaffeemühle oder Kornmühle zum Mahlen der Senfkörner.
- Gläser oder Steinguttöpfe zum Aufbewahren der Senf- und Würzpasten.
- Mörser zum Zerstoßen von getrockneten Kräutern.
- Scharfes Messer beziehungsweise Cutter zum Zerkleinern der frischen Kräuter.

Das Zubereiten von Senf und Würzpasten

- Sauberkeit bei der Verarbeitung gilt auch hier als oberstes Gebot.
- Die Senfkörner nach Wahl in der Kaffeemühle mahlen, mit Essig, Salz und Zucker vermischen und mit einem elektrischen Handrührgerät aufschlagen.
- Den fertigen Senf in Gläser füllen, verschließen und kühl und dunkel aufbewahren.
- Nach 1–2 Tagen hat der Senf sein Aroma entwickelt und das Glas kann geöffnet werden.
- Senf im angebrochenen Glas sollte man in den Kühlschrank stellen, denn durch Licht und Wärme geht das Aroma schnell verloren.
- Für Kräuterwürzpasten die Kräuter mit einem scharfen Messer oder mit einem Cutter zerkleinern und gut mit Salz und Öl vermischen.

Basilikumpaste

100 g frische Basilikumblätter

1 kleiner Bund glatte Petersilie

2–3 große Knoblauchzehen

40 g Pinienkerne oder geschälte Mandeln

125 ml Olivenöl

Salz

Pfeffer

Die Kräuter und den Knoblauch fein schneiden, die Pinienkerne oder die Mandeln grob mahlen.

Alle Zutaten gut miteinander verrühren, in Schraubgläser füllen, fingerdick mit Olivenöl bedecken, verschließen und an einem kühlen Ort lagern. Zu Nudelgerichten mit frisch geriebenem Parmesan vermischen.

Englischer Senf

120 g fein zerriebene Senfkörner

6 EL Wasser

125 ml Apfelessig

1 EL Balsamicoessig

2–3 EL gemischte Kräuter
(z.B. Estragon, Petersilie, Basilikum, Thymian, Liebstöckel ...)

1 TL Salz

2 TL Honig

1 TL geriebene grüne Pfefferkörner

3 EL Sonnenblumenöl

Das Senfpulver mit dem Wasser anrühren und quellen lassen.

Den Essig mit dem Salz, dem Honig und den Gewürzen kurz aufkochen, dann abkühlen lassen. Nun unter die Senfpaste rühren und nach und nach das Öl tropfenweise einrühren, bis ein cremiger Senf entstanden ist. In Schraubgläser abfüllen und kühl und dunkel aufbewahren.

Französischer Senf

1 Zwiebel

4 Knoblauchzehen

1 Lorbeerblatt

1 l Weißweinessig

125 g dunkles Senfpulver

250 g gelbes Senfpulver

250 g Zucker

1 TL Salz

5 g Nelkenpulver

5 g Korianderpulver

10 g Zimt

Die Zwiebel und die Knoblauchzehen klein schneiden, mit dem Lorbeerblatt und dem Essig in einem Edelstahltopf ansetzen und zugedeckt 3 Tage ziehen lassen, dann absehen.

Die restlichen Zutaten nach und nach in den Essig einrühren und so lange rühren, bis sich eine homogene Creme gebildet hat. 4 Wochen an einem kühlen Ort ruhen lassen, dann nochmals gut durchrühren und in Schraubgläser abfüllen.

Man kann in den Essigsud verschiedene Kräuter einlegen (Majoran, Thymian, Salbei, Estragon), diese aber dann abseihen. Vor dem Abfüllen in die Gläser etwas Zucker und Weißwein zur Geschmacksabrundung einrühren. Kühl aufbewahren.

Krenpaste

1 große Krenwurzel

125 ml Weißweinessig

1 TL Zucker

etwas Salz

1 Prise Zitronensäure

Den Kren würfelig schneiden und zusammen mit den restlichen Zutaten in einem hohen Gefäß so lange mixen, bis der Kren fein zerrieben ist.

Im Kühlschrank aufbewahren. Zur Verfeinerung mit etwas geschlagenem Obers vermischen.

Krensenf

140 g gelbe Senfkörner

60 g dunkle Senfkörner

125 ml Wasser

120 ml Weißweinessig

4 EL Zucker

2 EL Salz

2 EL Kren

Die Senfkörner mahlen, mit Wasser, Essig, Zucker, Salz und dem frisch geriebenen Kren so lange mit einem Schneebesen oder Mixer durchrühren, bis eine homogene Masse entstanden ist. 5 Tage durchziehen lassen, noch einmal durchrühren und in Schraubgläser abfüllen. Kühl lagern.

Melanzanipaste mit Kapern

1 große Melanzani

Salz

100 ml Olivenöl

2 Knoblauchzehen

1 Bund glatte Petersilie

4 EL Kapernflüssigkeit

1 kleines Glas Kapern

4 EL Weißweinessig

Melanzani schälen, in Scheiben schneiden, mit Salz bestreuen und 10 Minuten ruhen lassen. Trocknen, kleine Würfel schneiden und in 50 ml Öl braten, dann erkalten lassen.

Das restliche Öl dazugeben, ebenso gehackten Knoblauch und Petersilie und alles dünsten, bis die Melanzani ganz weich sind, dann erkalten lassen. Die Kapern klein schneiden und mit Salz und Essig zu dem Melanzanimus geben. Nun soviel Kapernflüssigkeit und noch etwas Olivenöl einrühren, bis die gewünschte Konsistenz erreicht ist.

In Gläser abfüllen, mit etwas Olivenöl bedecken, verschließen und im Kühlschrank aufbewahren.

Olivenpaste

150 g schwarze Oliven

2 Sardellenfilets

2 Knoblauchzehen

1 EL Kapern

je 1 TL frischer Rosmarin, Thymian und Salbei

120 ml Olivenöl

1–2 TL Zitronensaft

Salz

Pfeffer

Oliven entsteinen und zusammen mit den Sardellenfilets und den Knoblauchzehen klein schneiden.

Alle Zutaten außer dem Öl in ein hohes Gefäß geben und pürieren, dabei nach und nach das Olivenöl dazugeben, abschmecken und in ein Schraubglas füllen. Mit Öl bedecken und kühl aufbewahren.

Paprikasenf

....

1,5 kg grüne Paprikaschoten

500 ml Wasser

250 ml Essig

125 ml Olivenöl

2 EL Zucker

1 TL Salz

3 Knoblauchzehen

1 große Tube Estragonsenf

125 ml Olivenöl

1 Prise Salz

1 Prise Zucker

....

Die Paprikaschoten in Streifen schneiden, den Knoblauch klein schneiden. Beides zusammen mit dem Wasser, Essig, Olivenöl, Zucker und Salz so lange köcheln lassen, bis die Paprikastreifen weich sind. Dann abseihen und den Sud auffangen.

Den Sud mit dem Senf, Salz und Zucker in einer Schüssel gut verrühren. Die noch warmen Paprikastreifen dazumischen, abschmecken, in Gläser abfüllen, mit etwas heißem Olivenöl bedecken und verschließen.

Tomatenpaste, pikant

....

500 g reife Fleischtomaten

1 kleine Zwiebel

2 Knoblauchzehen

1 frischer Pfefferoni

50 ml Olivenöl

3 EL Rotwein

1 TL Paprikapulver

je 1 TL Zucker und Salz

frisches Basilikum

....

Die Tomaten kurz in kochendes Wasser legen, enthäuten, klein schneiden, dabei Strunk, Kerne und Saft entfernen.

Zwiebel und Knoblauch fein schneiden und in einer Pfanne mit dem Olivenöl glasig dünsten. Tomatenstücke und Pfefferoni dazugeben, dünsten, dann Wein und Gewürze dazugeben und ca. 15 Minuten zugedeckt köcheln lassen.

Basilikum klein schneiden, dazugeben und unter ständigem Rühren so lange weiter köcheln, bis eine dickliche Paste entstanden ist. Sofort in Schraubgläser füllen, verschließen und kühl aufbewahren.

Säfte und Sirupe

Vieles spricht dafür, selbst Obst- und Gemüsesäfte zuzubereiten. Ob es nun darum geht, große Mengen Obst aus dem eigenen Garten zu verwerten, oder darum, köstliche Säfte ohne Zusatz- und Konservierungsstoffe genießen zu können, das Selbermachen der Säfte lohnt sich auf jeden Fall. Die Produkte zeichnen sich durch Einzigartigkeit im Geschmack aus und stellen somit ein willkommenes Geschenk dar.

Saftreiche Obstsorten wie Kirschen, Äpfel, Birnen und Beeren eignen sich besonders zur Saftgewinnung. Die Kombination verschiedener Früchte ergibt besonders interessante Geschmacksvarianten.

Für Gemüsesäfte empfiehlt es sich, aromatische und saftreiche Gemüsesorten zu verwenden. Stellt man allerdings rohe Gemüsesäfte her, dann eignen sich dazu auch Wurzelgemüse und Kräuter, wie Basilikum und Petersilie. Für die Herstellung von Fruchtsirup wiederum verwendet man am besten ausgesprochen reife Früchte, denen nur eine geringe Zuckermenge zugesetzt werden muss.

Es gibt verschiedene Verfahren zur Saftgewinnung, konserviert wird durch Erhitzen oder mittels Zuckerzugabe, Gemüsesäfte allerdings verderben rasch und sollten daher immer frisch zubereitet und rasch verzehrt werden.

Arbeitsgeräte

Je nach Methode der Saftgewinnung werden auch verschiedene Geräte und Utensilien benötigt.

- Dampfentsafter.
- Großer Edelstahltopf.
- Baumwolltücher zum Durchlaufen des Saftes.
- Küchenwaage zum exakten Abwiegen der Zutaten.
- Trichter.
- Schaumlöffel.
- Küchenmesser.
- Flaschen mit passenden Verschlüssen.
- Etiketten zum Beschriften.

Obst und Gemüse

- Nur ausgereiftes Obst und Gemüse von einwandfreier Qualität verwenden.
- Am besten verwendet man Früchte aus biologischem Anbau, niemals chemisch behandeltes.
- Nur so viel Früchte ernten bzw. kaufen, wie auch am selben Tag verarbeitet werden können.
- Verdorbene Früchte nicht verwenden, es genügt auch nicht, angefaulte Stellen einfach auszuschneiden.
- Obst waschen und dem Rezept gemäß vorbereiten.
- Es können auch Obstsorten gemischt werden, dabei sollte man stets darauf achten, geschmacksintensive mit milden und süße mit herben Früchten zu mischen.
- Interessante Kreationen ergeben sich auch, wenn man Früchte mit Gemüse mischt.

Methoden der Saftgewinnung

Dampfentsaften

- Bei dieser altbewährten Methode erfolgt das Entsaften und Konservieren durch Erhitzen in einem einzigen Arbeitsgang. Es gehen dadurch aber auch besonders hitzeempfindliche Vitamine verloren.
- Für das Dampfentsaften wird ein spezieller Topf benötigt, der aus Wassertopf, Fruchtkorb und Saftbehälter mit Auslaufhahn besteht.
- Wird das Wasser erhitzt, so dringt der Dampf in das Fruchtsieb und bringt die Früchte zum Platzen.

- Dadurch läuft der Fruchtsaft in den Saftbehälter ab. Ist fast der ganze Fruchtsaft gewonnen, so lässt man ca. 1/2 l ablaufen und gießt diesen wieder in den Entsafter zurück. Dadurch wird eine kontinuierliche Konzentration des Saftes erreicht.
- Dem Obst kann auch Zucker zugegeben werden, in diesem Fall streut man den Zucker einfach zwischen die Früchte, damit er durch den Wasserdampf aufgelöst werden kann.
- Das Dampfentsaften eignet sich besonders gut für Beeren, die nur gesäubert und nicht von Stielen und Blättern befreit werden müssen, aber auch für Stein- und Kernobst, das man grob zerkleinert und von den Steinen befreit.
- Den Saft in vorgewärmte Flaschen abfüllen und sofort verschließen.
- Die Flaschen auf eine weiche Unterlage stellen und vor Zugluft schützen.
- Auskühlen lassen, beschriften und kühl und dunkel lagern.

Saftgewinnung durch Kochen

- Die Früchte werden kurz mit etwas Wasser aufgekocht, bis die Früchte weich sind.
- Einen Hocker umdrehen, ein Leinentuch an den vier Stuhlbeinen befestigen und eine Schüssel unterstellen.
- Den Obstbrei in das Tuch gießen und über Nacht abtropfen lassen, zum Schluss ausdrücken.
- Den Saft mit entsprechender Zuckermenge verrühren und aufkochen.
- Den heißen Saft mit einem Trichter in die vorgewärmten Flaschen füllen und sofort verschließen.
- Flaschen auf eine weiche Unterlage stellen, zugedeckt auskühlen lassen und beschriften.
- An einem kühlen und dunklen Ort aufbewahren.

Rohe Säfte

- Die einfachste Variante, rohen Saft zu gewinnen, stellt das Entsaften durch eine elektrische Saftzentrifuge dar.
- Werden diese Säfte nicht sofort getrunken, so müssen sie mit Zucker vermischt, erhitzt, in vorgewärmte Flaschen abgefüllt und sofort verschlossen werden.
- Die Gewinnung von rohem Saft aus saftreichen Beeren ist auch möglich, indem man sie in eine Porzellanschüssel gibt, sie zerdrückt, Zitronensäure dazugibt und sie über Nacht zugedeckt stehen lässt.
- Am nächsten Morgen den Saft durch ein Leinentuch, das man auf einem umgedrehten Hocker befestigt, filtern.
- Mit Zucker verrühren, in Flaschen füllen und diese sofort verschließen.
- Die Flaschen beschriften und kühl und dunkel aufbewahren.

Erdbeersaft

2,5 kg Erdbeeren

5 g Zitronensäure

1,5 l Wasser

1 kg Zucker pro Liter Saft

Erdbeeren putzen, halbieren oder vierteln, in eine große Schüssel geben, mit der Zitronensäure bestreuen und das Wasser dazugießen. 24 Stunden stehen lassen und mehrmals umrühren. Den Ansatz durch ein sauberes Tuch seihen, dabei nicht ausdrücken! Abtropfen lassen, abmessen und pro Liter Saft 1 kg Zucker auflösen. Den Saft in saubere, kleine Flaschen füllen, verschließen und kühl und dunkel aufbewahren.

Gemüsesaft

2 kg reife Tomaten

1 kg Sellerie, 1 kg Karotten

3 Zwiebeln

2 Bund Petersilie, 1 Bund Dille

1 EL Salz

2 EL Zucker

Saft von 2 Zitronen

Das Gemüse wird gewaschen, geschält und geraspelt, die Kräuter grob geschnitten und die Tomaten geviertelt. Alles schichtweise in den Dampfentsafter geben, Salz, Zucker und Zitronensaft darübergeben und ca. 1 Stunde erhitzen. Man lässt ungefähr 1/2 Liter Saft in ein Gefäß laufen, gießt ihn in den Entsafter zurück und füllt dann den fertigen Saft in saubere Flaschen, die sofort verschlossen, beschriftet und kühl gelagert werden.

Himbeersirup

3 kg Himbeeren

1 kg Zucker

Beeren und Zucker mischen, in den Dampfentsafter füllen, das Wasser zum Kochen bringen und 1/2 Stunde leicht kochen lassen. 1/2 l Saft ablassen, zurück in den Dampfentsafter gießen, dann die vorbereiteten Flaschen befüllen und sofort verschließen. Langsam auskühlen lassen und die Flaschen beschriften.

Holunderblütensirup

2 kg Zucker

3 l Wasser

3 Zitronen (unbehandelt)

1 Orange (unbehandelt)

60 g Zitronensäure

15 Holunderblütendolden

Wasser mit Zucker 10 Minuten kochen, dann auskühlen lassen. Zitronen und Orange in Scheiben schneiden und mit der Zitronensäure zum Zuckerwasser geben. Die Holunderblüten abzupfen und ebenfalls ins Zuckerwasser geben. Gefäß verschließen und nach 5 Tagen in saubere Flaschen abfüllen. Die Verschlüsse vor der Verwendung in Alkohol tauchen.

Der verdünnte Holunderblütensaft ist ein beliebtes und erfrischendes Getränk. Der Saft ergibt, mit Sekt aufgespritzt, einen köstlichen Aperitif.

Johannisbeersirup

3 kg Johannisbeeren ohne Stiele

750 ml Wasser

Zucker

Johannisbeeren und Wasser langsam zum Kochen bringen und 30 Minuten leise kochen lassen, dabei mehrmals umrühren. Die Beeren durch ein Tuch über Nacht abseihen und abtropfen lassen. Der Saft wird abgemessen und pro Liter mit 350 g Zucker verrührt und wieder zum Kochen gebracht. Den Sirup füllt man in Flaschen, lässt sie langsam auskühlen und beschriftet sie.

Schwarze Ribiseln enthalten sehr viel Pektin und gelieren leicht, wenn zu viel Zucker verwendet wird. Ribiselsaft ist vitaminreich und deshalb ein vorbeugendes Getränk gegen Erkältungen. Wenn man keinen Dampfentsafter im eigenen Haushalt hat, ist diese Zubereitungsmethode leicht anzuwenden. Es kann praktisch jeder Obstsirup auf diese Weise hergestellt werden.

Karottensaft mit Äpfeln

1,5 kg Karotten

500 g Sellerie

1 kg Äpfel

Saft von 2 Zitronen

Salz, weißer Pfeffer

Gemüse putzen, in Stücke schneiden, Äpfel vierteln und alles in der elektrischen Saftzentrifuge entsaften. Mit dem Zitronensaft und den Gewürzen abschmecken, in Flaschen füllen und 20 Minuten bei 75 °C pasteurisieren. Die Flaschen sofort verschließen, langsam auskühlen lassen und beschriften.

Melissensaft

3 Hand voll gezupfte, grob zerschnittene Melissenblätter

2,5 l Wasser

75 g Zitronensäure

2,5 kg Zucker

Wasser mit den Melissenblättern und der Zitronensäure mischen und 24 Stunden stehen lassen. Den Zucker darin auflösen und wieder 24 Stunden ziehen lassen. In gut gereinigte Flaschen abfüllen, die Schraubverschlüsse vorher in Alkohol tauchen.

Liköre und Früchte in Alkohol

Es gibt viele Gründe, warum man den Geschmack von Früchten und Kräutern in geistigen Getränken einfangen möchte. In den meisten Schnäpsen und Likören stecken die Inhaltsstoffe der Kräuter und Gewürze, die sich auf die menschliche Gesundheit positiv auswirken, vorausgesetzt, dass es beim kleinen Schluck gegen die Beschwerden bleibt und nicht in einem täglichen Gelage ausartet. Ein "Empfangslikör" oder ein Magenbitter nach einem reichhaltigen Essen ist ebenso beliebt wie Früchte in Alkohol zum Eisbecher oder ein feiner Waldbeerlikör zum Aufgießen mit Sekt. Man kann heute alles und jederzeit kaufen, sodass man sich das "Selbermachen" überlegt. Wenn man sich aber dazu aufgerafft hat und das Endprodukt zufriedenstellend ausgefallen ist, weil man den persönlichen und individuellen Geschmack eingebracht hat, so wird man vielleicht auch noch zum Experimentieren angeregt. Es gibt ein überaus reiches Angebot an überlieferten Rezepten. Neue Kreationen sind aber nicht weniger interessant. Sollte das Ergebnis beim ersten Probieren nicht ganz entsprechen, so lässt man den Likör ein paar Monate reifen, denn ein guter Tropfen braucht seine Zeit!

Selbst gemachte Liköre eignen sich auch besonders gut zum Verschenken und mit einer schön dekorierten Flasche wird so ein "Selbstgemachter" zu einer echten Kostbarkeit. Ob man mit Schablonen, Sprühfarben, mit Glasmalfarben und Pinsel oder mit gesammelten Naturmaterialien arbeitet – der Phantasie sind keine Grenzen gesetzt. Ein schönes Band oder eine Schnur um die Flasche geschlungen und mit Siegellack befestigt geben dem Geschenk den professionellen Touch. Die Beschriftung der Flaschen und Gläser ist sehr wichtig, auch hier gilt, dass eigene Kreationen persönlicher wirken.

Obst, das in Alkohol eingelegt und damit auch konserviert wird, kann eine unbeschreibliche Köstlichkeit sein. Die Wirkung liegt – wie so oft beim Alkohol – in der Dosis! Wie überall gilt auch hier der Grundsatz: Je besser die Ausgangsprodukte sind, desto besser ist auch das Ergebnis.

Praxistipps

Arbeitsgeräte

Für das Einlegen von Früchten in Alkohol werden nur Gläser benötigt, für die Herstellung von Likören braucht man einige Utensilien mehr.

- Küchenwaage zum exakten Abwiegen der Zutaten
- Küchenmesser
- Filter und Siebe
- Trichter zum Einfüllen
- Flaschen und Gläser mit passenden Verschlüssen
- Etiketten zum Beschriften

Früchte und Zutaten

- Für die Zubereitung von Fruchtlikören eignen sich vor allem Beerenfrüchte aber auch anderes Obst (Kirschen, grüne Nüsse, Quitten, grüne Zapfen von Zirben und Latschen und dergleichen).
- Verwenden Sie nur Obst von einwandfreier Qualität, am besten aus dem eigenen Garten oder aus biologischem Anbau.
- Nur wirklich vollreifes, aber nicht überreifes Obst verwenden.
- Nur einen guten Ansatzschnaps mit ca. 40% Alkoholgehalt verwenden. Es ist Geschmackssache, ob das ein Ansatzkorn, ein Obstler oder ein Weinbrand ist. Manche Rezepte empfehlen einen hochprozentigen Apothekenalkohol (z.B. für Eierlikör). Mit Cognac oder Rum erreicht man sehr interessante, feine Geschmacksnuancen.
- Gewürze verbessern den Geschmack und werden ganz individuell zum Ansatz gegeben. Bedenken Sie aber, dass gerade intensive Gewürze wie Sternanis, Koriander, Zitronenschalen, Ingwer usw. das Fruchtaroma überdecken können.
- Zucker kann man gleich mit den Früchten vermischen oder in Wasser oder Wein auflösen und dann zu dem filtrierten Ansatz geben.

Das Ansetzen von Likören und das Einlegen von Früchten in Alkohol

- Alle Gefäße und Flaschen müssen absolut sauber sein.
- Obst, je nach seiner Art und Notwendigkeit, vorbereiten: waschen, schälen, entkernen und zerkleinern.
- Das Obst mit Zucker vermischen, über Nacht kühl stellen und dann mit dem Alkohol übergießen.
- Alle Zutaten der Ansätze müssen immer völlig mit dem Alkohol bedeckt sein. Gelangt Sauerstoff an die Zutaten, beginnen sie zu verderben, und die Mühe war vergebens. Liköre nach 3–5 Wochen durch einen Kaffee- oder Teefilter abseihen, in Flaschen abfüllen, verkorken und für einige Zeit reifen lassen.
- Erst durch längeres kühles Lagern wird der Likör aromatisch.
- Verschiedene Zutaten zur Zubereitung von Likören – wie z.B. Gewürze oder den hochprozentigen Alkohol, besorgt man sich am besten in der Apotheke, denn hier bekommt man mit Sicherheit beste Qualität.
- Fruchtfarben und frische grüne Kräuter verlieren an Farbe, wenn sie an der Sonne stehen. Bei getrockneten Kräutern, Zapfen, grünen Nüssen, Wurzeln und Gewürzen ist der Sonnenschein für die kräftige Farbe wichtig.

Erdbeeren in Madeirawein

1 kg Erdbeeren

300 g Gelierzucker

700 ml Madeirawein

125 ml Rum

Feste kleine Erdbeeren putzen und schichtweise mit dem Zucker in weithalsige Gläser füllen. Rum und Wein darübergießen.

Gläser verschließen und kühl aufbewahren.

Cassis – Likör von schwarzen Ribiseln

500 g schwarze Ribiseln

600 ml Weißwein

600 g Zucker

300 ml Weinbrand

1 Zimtstange

2 Gewürznelken

Die verlesenen Beeren in einer Glasschüssel mit einer Gabel zerdrücken, den Wein einrühren, zudecken und 2 Tage kühl stehen lassen. Die Mischung mit dem Mixstab pürieren und durch ein doppelt gelegtes Tuch filtern. Den Saft mit dem Zucker erwärmen und rühren, bis der Zucker aufgelöst ist. 45 Minuten auf der heißen Herdplatte stehen lassen, aber nicht kochen. Nach Bedarf noch einmal filtern, in Flaschen abfüllen und kühl und dunkel aufbewahren.

Cassis-Likör wird meist mit Weinbrand hergestellt, man kann aber auch Gin oder Wodka verwenden.

Holunderbeerlikör

....
1 kg Holunderbeeren
....
1,4 l Weingeist (40%)
....
250 ml Rotwein
....
Zucker nach Geschmack (ca. 200 g)
....

Die abgerebelten Holunderbeeren mit dem Alkohol in ein Gefäß geben, verschließen, etwa 3 Wochen in die Sonne stellen und dabei öfters schütteln. Dann noch 3 Wochen warm an einem dunkleren Ort stehen lassen.

Abseihen, den Ansatz verkosten, wie viel Zucker die Beeren abgegeben haben. Dann die entsprechende Menge Zucker im warmen Rotwein auflösen und zum Ansatz geben. Nach dem Abfüllen werden die Flaschen verschlossen und für einige Monate im Keller gelagert.

Honiglikör

....
250 g heller Honig
....
900 ml Whisky
....
2 Thymianzweige
....
1 EL Fenchelsamen
....
4 Gewürznelken
....
2 Zimtstangen
....

Den Honig leicht erwärmen, den Topf vom Feuer nehmen, langsam den Whisky einrühren, bis der Honig aufgelöst ist. Mit den Kräutern und Gewürzen in ein Glas füllen, gut schütteln und für mindestens 4 Monate an einem kühlen, dunklen Ort reifen lassen. Das Glas gelegentlich schütteln, damit sich das Aroma entfaltet. Zum Abfüllen ein Sieb mit einem doppelt gelegten Leinentuch auslegen, durchfiltern, in Flaschen abfüllen, verschließen und noch 1 Woche ruhen lassen.

Kirschen in Mandellikör

....
1,5 kg feste Kirschen
....
500 g - 750 g Rohrzucker
....
1 Zitrone
....
300 ml Mandellikör
....
300 ml Rum
....

Kirschen entstielen, entkernen und in ein großes Glas geben. Zucker in Alkohol und Zitronensaft auflösen, über das Obst gießen, das Glas verschließen und mindestens 4 Wochen reifen lassen.

Kümmellikör

....
60 g Kümmel, 10 g Fenchelsamen
....
500 ml Weingeist (90%)
....
200 g Kandiszucker
....
1 l Wasser
....

Kümmel und Fenchel im Mörser grob
zerstoßen, mit dem Weingeist in eine Flasche
geben und verkorkt 10 Tage stehen lassen.
Der Kandiszucker wird im Wasser aufgelöst
und aufgekocht. Den Ansatz in die heiße
Zuckerlösung gießen, filtrieren, abfüllen und
noch mindestens 2 Wochen ruhen lassen.

Magenbitter

....
20 g bittere Orangenschalen
....
je 2 g Wermutkraut, Zimtrinde,
Sternanis, Tausendguldenkraut,
Muskatnuss und Gewürznelken
....
500 ml Weingeist (90%)
....
100 g Honig
....
500 ml Kräutertee aus gleichen Teilen
Pfefferminze, Baldrian, Kalmus,
Engelwurz und Wacholderbeeren
....

Orangenschalen, Wermut, Zimtrinde, Sternanis, Tausendguldenkraut, Muskatnuss,
Gewürznelken und Weingeist füllt man in eine
Flasche, die fest verschlossen 2 Wochen lang
an ein sonniges Fenster gestellt wird. Zwei
gehäufte Esslöffel Kräutertee (siehe Zutaten!)
mit 500 ml kaltem Wasser zustellen, aufkochen, 10 Minuten ziehen lassen, abseihen, den
Honig darin auflösen und mit dem filtrierten
Ansatz vermengen. Den Magenbitter
2 Monate kühl und dunkel lagern.

Quittenspalten in Whisky

....
1 kg Quitten
....
500 g Gelierzucker
....
250 ml Wasser
....
Saft und Schale von 1 Zitrone
....
50 g Rosinen
....
500 ml Whisky
....

Quitten abreiben, waschen, schälen, vierteln
und das Kerngehäuse entfernen. Die
Quittenviertel in Spalten schneiden. Zucker,
Wasser, Zitronensaft und -schale aufkochen,
die Quitten 5 Minuten kochen, die Rosinen
dazugeben, nochmals aufkochen und dann
auskühlen lassen. Den Whisky einrühren, in
Gläser füllen und gut verschließen.

Statt Whisky kann man auch weißen Rum
(Bacardi) oder Calvados verwenden.

Schlehenlikör

1 kg Schlehen

1,5 l Gin

250 g Zucker

Schlehen sollen nach dem ersten Frost gepflückt werden.

Die Schlehen mehrmals mit einer Nadel einstechen. Die Früchte anschließend in ein Gefäß geben, den Zucker dazugeben und mit dem Gin aufgießen.

Das Gefäß verschlossen 4 Monate an einem dunklen Ort stehen lassen. Mehrmals schütteln.

Dann den Likör filtern und in Flaschen abfüllen. Eventuell noch etwas Zucker dazugeben und reifen lassen.

Trauben in Traubenbrand

1 kg blaue Trauben

400 g Zucker

250 ml Weißwein

500 ml Traubenbrand

Trauben waschen, abzupfen und in ein Glas schichten. Wein erwärmen, den Zucker darin auflösen und ausgekühlt über die Trauben gießen.

Mit dem Traubenbrand auffüllen und 4 Wochen gut verschlossen stehen lassen.

Weichgellikör

1 kg entkernte Weichseln

20 Stück aufgeschlagene Kerne

100 g zerdrückte Himbeeren

50 g Ribiseln

3 Gewürznelken

1 Zimtrinde

750 ml Weingeist (90%)

600 g Zucker

750 ml Wasser

Weichseln, Früchte und Gewürze in einem großen Glas mit dem Alkohol übergießen und gut verschlossen 3 Wochen an einem sonnigen Ort stehen lassen. Zucker und Wasser 5 Minuten kochen, überkühlen, mit dem Ansatz mischen und 1 Woche stehen lassen. Nun wird der Likör abgeseiht. Die Früchte kann man mit 500 ml Wasser tüchtig aufkochen, abseihen und die Flüssigkeit zum Likör gießen.

Nach 4 Wochen ist der Likör genussfertig.

Zitronen-Eierlikör

6 Eier

8–10 Zitronen

250 g Zucker

1 Vanilleschote

500 ml Rum (54%)

Die Eier sollten möglichst frisch gelegt sein, sie werden mit Geschirrspülmittel gewaschen und gut nachgespült. Die Eier werden mit der Schale möglichst platzsparend in ein hohes Gefäß gegeben. Die Zitronen werden ausgepresst. Man gießt so viel Zitronensaft über die Eier, dass sie gut bedeckt sind. Innerhalb von 8–10 Tagen haben sich die Schalen aufgelöst. Das Glas wird während dieser Zeit öfters geschüttelt.

Es wird alles durch ein Sieb abgeseiht, mit Rum und Zucker verrührt, bis sich der Zucker völlig aufgelöst hat und eine homogene Creme entstanden ist. Mit einem Messerrücken das Mark aus der aufgeschnittenen Vanilleschote schaben und zum Likör mischen. Nach Belieben Zucker dazugeben. Den so gewonnenen Eierlikör gut verschließen und kühl lagern.

Nach etwa 6 Monaten sollte der Zitronen-Eierlikör verbraucht sein.

Zitronenlikör

....

5 unbehandelte Limonen oder noch
grüne Zitronen

....

1 l Traubenbrand

....

1 Vanilleschote

....

6 EL weißer Kandiszucker oder
Akazienhonig

....

Zitronen hauchdünn schälen, dann halbieren, alles in eine weithalsige Flasche geben,
mit dem Schnaps auffüllen und die aufgeschnittene Vanilleschote dazugeben. Je nach
Geschmack mit Zucker oder Honig süßen.

Glas verschließen und für 2 Wochen an die
Sonne stellen.

Zwetschken in Honigwein

....

1,5 kg Zwetschken

....

500 g brauner Kandiszucker

....

Saft und Schale von
1 unbehandelten Orange

....

1 Zimtstange

....

3 Gewürznelken

....

1 Sternanis

....

750 ml Honigwein

....

250 ml Rum (80%)

....

Zwetschken waschen, abtrocknen und mit
einem Zahnstocher mehrmals anstechen.
Anschließend mit den Gewürzen in ein
großes Glas schichten. Honigwein, Zucker,
Orangenschale und -saft erhitzen, bis der
Zucker aufgelöst ist. Nach dem Auskühlen
mit dem Rum mischen, Flüssigkeit über die
Zwetschken gießen, Glas verschließen und
mindestens 4 Wochen reifen lassen.

Dieses Rezept lässt sich gut mit Dörrzwetschken zubereiten.

Sauermilch, Jogurt, Kefir, Butter und Topfen

Milch und Milchprodukte enthalten wertvolle Inhaltsstoffe und leisten somit einen bedeutenden Beitrag für eine gesunde und abwechslungsreiche Ernährung. Auch im alten Ägypten wußte man schon um den Wert der Milch, hat doch Königin Kleopatra täglich in ihr gebadet, worauf man unter anderem auch ihre Schönheit zurückführte. Tatsächlich enthält Milch Vitamine, Proteine und auch Milcheiweiß, das die Regeneration von Haut, Haaren und Nägeln fördert.

Milch und Milchprodukte versorgen unseren Körper mit dem wichtigen Mineralstoff Kalzium, der für Knochen, Zähne und Muskeln unerlässlich ist. Kinder, die sich noch im Wachstum befinden, sollten deshalb möglichst viel Milch und Milchprodukte zu sich nehmen. Aber auch im Erwachsenenalter ist Kalzium wichtig, weil es Krankheiten, wie Osteoporose, entgegenwirkt.

Unbehandelte Rohmilch gibt es nur beim Bauern, die im Handel erhältliche Milch wurde homogenisiert und pasteurisiert, das heißt, auf einen einheitlichen Fettgehalt gebracht und auf 72–75 °C erhitzt. Durch dieses Verfahren werden Keime und Bakterien abgetötet und die Milch für ca. 5 Tage haltbar gemacht, vorausgesetzt, sie wird kühl gelagert.

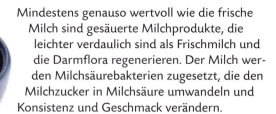

Mindestens genauso wertvoll wie die frische Milch sind gesäuerte Milchprodukte, die leichter verdaulich sind als Frischmilch und die Darmflora regenerieren. Der Milch werden Milchsäurebakterien zugesetzt, die den Milchzucker in Milchsäure umwandeln und Konsistenz und Geschmack verändern.

Will man nun Sauermilch, Jogurt, Kefir etc. selbst herstellen, so ist es ganz wichtig, die richtige Milch zu verwenden. Achten Sie auf gute Qualität, die dann gewährleistet ist, je weniger die Milch bearbeitet wurde.

Am besten eignet sich pasteurisierte Milch mit naturbelassenem Fettgehalt, das heißt, nicht homogenisierte Milch. Diese Milch ist in Naturkostläden und Reformhäusern erhältlich. Rohmilch vom Bauern muß auf jeden Fall ca. 30 Minuten lang abgekocht werden, wodurch aber auch viele Vitamine verlorengehen.

Sauermilch

Sauermilch entsteht aus durch natürliche oder künstliche Säuerung geronnener Vollmilch und ist Ausgangsprodukt für die Herstellung von Topfen und zahlreichen anderen Käsearten.

Die Verwandlung von Milch in Sauermilch ist eigentlich ein natürlicher Prozess: Lässt man Milch bei Zimmertemperatur stehen, so bewirken Wärme, Luftdruck und Feuchtigkeit, dass die Milchsäurebakterien in der Milch aktiv werden und die Milch dadurch eindickt.

Will man Sauermilch selbst herstellen, so ist es allerdings besser, sich nicht auf den Zufall zu verlassen, da die Milch heutzutage nicht mehr so viele Säurebildner aufweist.

Praxistipps

Arbeitsgeräte

Für die Gewinnung von Sauermilch werden keine speziellen Utensilien benötigt.

Die Herstellung von Sauermilch

GRUNDREZEPT   1 l Vollmilch (pasteurisiert)
150 g Sauermilch (gekauft)

Beides gut miteinander verrühren und bei Zimmertemperatur ca. 24 Stunden stehen lassen.

Jogurt

Jogurt hat eine lange Tradition und ist in sämtlichen Kulturen schon vor Jahrtausenden bekannt gewesen. Es wurde als göttliche Speise bezeichnet und vielerorts war man der Meinung, durch seinen regelmäßigen Verzehr ein hohes Alter zu erreichen. Von Bulgarien aus fand Jogurt Verbreitung in Europa und ist mittlerweile aus unserer Ernährung nicht mehr wegzudenken.

Jogurt ist durch seinen erfrischend säuerlichen Geschmack aber auch durch seine Vielfältigkeit besonders beliebt. Bei der Herstellung von Jogurt wird der Milch, bei uns ist es meist Kuhmilch, eine Jogurtkultur beigegeben. Diese besteht aus den Bakterienstämmen „Lactobacillus bulgaricus" und „Streptococcus thermophilus". Neu und ganz stark beworben sind die sogenannten „probiotischen" Produkte, die Bakterienkulturen enthalten, die sich besonders positiv auf unsere Gesundheit auswirken. Es handelt sich dabei um die Bakterien Lactobacillus acidophilus 1 (LC1) und Lactobacillus acidophilus 7 (LA7).

Jogurt ist, wie auch die anderen gesäuerten Milchprodukte, leichter verdaulich und bekömmlicher wie Milch. Eine wichtige Rolle nimmt Jogurt beim Verdauungsprozess ein, die Jogurtbakterien reinigen den Darm und beugen so einer der lästigsten Zivilisationskrankheiten, der Verstopfung, vor. Weiters regt Jogurt den Stoffwechsel an und soll auch die Nerven beruhigen. Doch nicht nur als „Gesundmacher" wird Jogurt geschätzt, auch in der Schönheitspflege wird dieses köstliche Milchprodukt gerne verwendet. Gesichtsmasken aus Jogurt entspannen herrlich, bei Sonnenbrand auf die Haut aufgetragen, verschafft Jogurt angenehme Linderung und Kühlung und beschleunigt zudem die Heilung.

Praxistipps

Arbeitsgeräte

- Gläser
- Thermometer

Die Herstellung von Jogurt

- Zur Jogurtherstellung kann grundsätzlich jede handelsübliche Milch in jeder Fettgehaltsstufe verwendet werden. Verwendet man Rohmilch, so muss diese auf 80 °C erhitzt und dann auf 45 °C abgekühlt werden.
- Je niedriger die Temperatur, umso länger braucht das Jogurt zum Reifen und Festwerden.
- Der Fettgehalt der Milch bestimmt, ob das Jogurt eher mager oder fetter wird.
- Selbst gemachtes Jogurt sollte innerhalb von 3 Tagen aufgebraucht werden.
- Von jedem fertigen Jogurt ungefähr 1 Tasse zurückbehalten und als Starterkultur für neues Jogurt verwenden.

> **GRUNDREZEPT**
>
> 1 l Milch
> 2 EL Jogurt (gekauft)
>
> Die Milch auf 45 °C erwärmen und in eine Schüssel geben. Das Jogurt mit einem Schneebesen in die Milch einrühren. Das Backrohr auf 50 °C vorheizen, das Jogurt hineinstellen und nach 30 Minuten wieder ausschalten. Dort über Nacht stehen lassen.

Kefir

Vom Geschmack her ist Kefir der Sauermilch recht ähnlich, doch schreibt man ihm ganz besonders gesundheitsfördernde Kräfte zu. Die Tatsache, dass im Kaukasus viele Menschen über hundert Jahre alt werden, wird auf ihren regelmäßigen Kefirkonsum zurückgeführt. Beim Stoffwechsel des Kefirpilzes werden nämlich Stoffe frei, die so manche Krankheiten heilen beziehungsweise verhindern können.

Auf Grund seiner stopfenden Wirkung (im Unterschied zu Jogurt) werden mit Kefir bei Durchfall (Diarrhoe) gute Ergebnisse erzielt.

Die Herstellung von Kefir ist relativ einfach, weil man keine Wärmequelle benötigt, wie sie beispielsweise aber für die Jogurtherstellung unerlässlich ist. Der Kefirpilz benötigt einzig und allein Zimmertemperatur zum Wachsen und Gedeihen. Einen kleinen Nachteil stellt vielleicht dar, dass Kefir nach der Herstellung selbst im Kühlschrank leicht sauer wird und daher ein rascher Verzehr anzuraten ist. Der Kefirpilz verarbeitet einen kleinen Teil des Milchzuckers in Milchsäure, der größere Teil wird in Alkohol und CO_2 umgewandelt, wodurch sich auch seine leicht prickelnde Eigenschaft erklären lässt.

Praxistipps

Arbeitsgeräte

Eigentlich werden für die Kefirherstellung keine zusätzlichen Utensilien benötigt, als sie ohnehin schon in einem Haushalt vorhanden sind.
- Einmachglas mit Schraubverschluss

Alles über den Kefirpilz

- Der Kefirpilz sieht aus wie ein Karfiolröschen und wird oft unter Freunden weitergegeben. Das ist die einfachste Möglichkeit, zu einem Kefirpilz zu kommen. Ansonsten ist der Pilz nicht so ohne weiteres zu bekommen, am besten ist es, man wendet sich an ein Spezialgeschäft für Käsereibedarf.
- Es gibt auch die Möglichkeit, statt eines Pilzes ein Kefirferment (Reformhaus) zu verwenden, mit dem man dann nach Gebrauchsanweisung verfährt.
- Stets auf absolute Sauberkeit bei der Herstellung achten.
- Der Kefirpilz muß täglich mit kaltem Wasser abgespült und das Ansatzgefäß muß immer gut gereinigt werden.

- Wenn man einmal keinen Kefir machen will, muss der Pilz während dieser Zeit trotzdem zur Gänze mit Milch bedeckt sein. Auch diese Milch muss täglich durch frische Milch ersetzt werden, da der Pilz sonst Fäden zieht. Ist das der Fall, muss der Pilz mit warmem Wasser gewaschen werden und alle weichen Teile müssen entfernt werden. Nur die festen Pilzknöllchen können weiterhin verwendet werden.
- Kefirpilz kann in einem Becher in mit Wasser verdünnter Milch auch eingefroren werden.

Die Herstellung von Kefir

GRUNDREZEPT 1 l Vollmilch (pasteurisiert)
1/2 EL–1 EL Kefirpilz (je nach Geschmack)

- Die Milch in ein Einmachglas mit Schraubverschluss bis ungefähr 3 cm unter den Rand einfüllen und den Kefirpilz dazugeben.
- Das Glas verschließen und bei Zimmertemperatur ca. 1 Tag stehen lassen. Durch ein Sieb gießen, kühl aufbewahren und möglichst rasch verzehren.
- Den Pilz mit kaltem Wasser abspülen und wieder mit frischer Vollmilch ansetzen.

Topfen

Die Bereitung von Topfen ist mit ziemlicher Wahrscheinlichkeit die älteste Art der Käseherstellung und stellt auch den Ausgangspunkt für jede Käsegewinnung dar. Topfen entsteht durch das Gerinnen der Milch unter Zusatz von Gerinnungsmitteln. Bei diesem Prozess fließt Flüssigkeit, die sogenannte Molke, ab. Qualitätsmerkmale bei Topfen und Frischkäse sind Geschmack und Konsistenz, er sollte nicht zu sauer schmecken und auch nicht zu trocken sein. Wenn der Topfen zu sauer ist, dann liegt das wahrscheinlich daran, dass die Milchsäurebildung aus Milchzucker durch die Milchsäurebakterien schon zu weit fortgeschritten ist. Wichtig ist, Topfen nach dem Ablaufen der Molke sofort zu kühlen, denn durch seinen verhältnismäßig hohen Wasseranteil ist er leicht verderblich.

Praxistipps

Arbeitsgeräte

- Sieb
- Schüsseln
- Mulltuch

Die Herstellung von Topfen und Frischkäse

- Am besten verwendet man pasteurisierte Milch, denn nicht erhitzte Rohmilch enthält zu viele unerwünschte Bakterien.
- Topfen kann sowohl aus Magermilch als auch aus Vollmilch hergestellt werden.
- Es empfiehlt sich, der Milch 5% Butter- oder Sauermilch als Starterkulturen zuzugeben.
- Die Temperatur der Milch hat eine wichtige Bedeutung für die Konsistenz des Topfens: Je wärmer die Milch ist, desto schneller läuft der Säuerungs- und Dicklegungsprozess der Milch ab und desto fester und trockener wird der Topfen. Ist die Milch kühler, dann weist der Topfen eine weichere und cremigere Konsistenz auf.
- Der Fettgehalt des Topfens ist vom Fettgehalt der verwendeten Milch abhängig, Rahm- und Doppelrahmfrischkäse sind Topfen, die aus eingedickter Milch mit einem mehr oder weniger hohen Rahmanteil hergestellt werden.
- Aus 1 Liter Milch entstehen ungefähr 250 g Topfen.

GRUNDREZEPT   1 l Milch (pasteurisiert)
1/4 l Buttermilch

- Milch und Buttermilch in eine Schüssel geben und miteinander verrühren. Mit einem Tuch abdecken und ca. 48 Stunden bei 20 °C stehen lassen.
- Die dickliche Milch dann für 1/2 Stunde in den auf 30 °C vorgeheizten Ofen stellen, dadurch tritt Molke aus.
- Die dickgelegte Milch nun in 2 cm große Würfel schneiden, nochmals kurz ruhen lassen, in ein mit einem Mulltuch ausgelegtes Sieb schöpfen, die Enden verknoten und in eine Schüssel hängen.
- Den Topfen nach ca. 2 Stunden aus dem Tuch nehmen.

Butter

Butter entsteht durch die Verarbeitung von süßem oder saurem Rahm. Die im Handel erhältliche Butter ist zu 98% Sauerrahmbutter, die einen nussartigen Geschmack aufweist. Süßrahmbutter schmeckt hingegen milder und fast wie Schlagobers. Beide Sorten kommen auch gesalzen auf den Markt, wodurch sie länger haltbar sind.

Wichtige Bestandteile der Butter sind Phosphatide, wie beispielsweise Lecithine,

denen als Bausteine für die Nervensubstanz eine wesentliche Rolle zukommt. Auch als Träger der fettlöslichen Vitamine A und D hat Butter eine wesentliche Bedeutung für eine ausgewogene Ernährung.

Praxistipps

Arbeitsgeräte
- Handmixer (eventuell eine Buttermaschine oder ein Butterfass)
- Eventuell Model zum Formen der Butter
- Flache Schüssel mit großem Durchmesser

Die Herstellung von Butter

Aus 1 Liter Rahm erhält man ungefähr 150 g Butter.

GRUNDREZEPT   1 l Rahm (Rohmilch)
1/4 l Butter- oder Sauermilch

- Für die Herstellung von Butter verwendet man frische Rohmilch, die man in einer flachen Schüssel an einem kühlen Ort oder im Kühlschrank ca. 15 Stunden stehen lässt.
- An der Oberfläche setzt sich Rahm ab, den man mit einem Löffel sehr gut abschöpfen kann.
- Der Rahm wird durch die Zugabe von Butter- oder Sauermilch angesäuert. Mindestens 24 Stunden bei Zimmertemperatur stehen lassen.
- Unter "Buttern" versteht man das mechanische Schlagen des Rahms, das gut 1/2 Stunde dauern kann. Verwendet man einen Handmixer dazu, dann nur auf niedrigster Geschwindigkeitsstufe laufen lassen.
- So lange schlagen, bis sich kleine Fettklumpen bilden, anschließend in ein Sieb schütten und die Buttermilch auffangen.
- Die Buttermasse unter fließendem kaltem Wasser waschen und dabei kräftig durchkneten, damit auch die letzte Milch aus der Butter herausgepresst wird.
- Die Butter zuletzt mit den Händen oder mit einer Buttermodel formen.

Buttermilch

Bei der Buttergewinnung fällt Buttermilch als köstliches „Nebenprodukt" ab. Sie enthält alle Stoffe, die auch die Milch enthält, mit Ausnahme von Fett, was sie besonders bekömmlich und leicht verdaulich macht.

Kräuterbutter

....
150 g Butter
....
2 EL frische Kräuter (Petersilie, Dille,
Estragon, Kerbel, Schnittlauch etc ...)
....
1 Knoblauchzehe
....
1 TL Zitronensaft
....
1/2 TL Salz
....
1 Prise Zucker
....

Die fein geschnittenen Kräuter und die restlichen Zutaten nach und nach gut unter die weiche Butter (Zimmertemperatur) rühren und anschließend kühl stellen.

Kümmelkäse

....
500 g trockener, bröseliger Topfen
....
30 g Butter
....
1 TL Salz, 1–2 TL Kümmel
....
etwas schwarzer Pfeffer
....

Topfen in einer Schüssel an einem warmen Ort reifen lassen, gelegentlich umrühren, bis er eine obersgelbe Farbe bekommen hat.

Die Butter schmelzen, den gereiften Topfen, das Salz, den Kümmel und den Pfeffer dazugeben und gut verrühren. Nun bei schwacher Hitze so lange rühren, bis sich eine klare, flüssige Masse ergeben hat.

In verschließbare Behältnisse abfüllen und erkalten lassen. An einem kühlen Ort gelagert ist dieser Kümmeltopfen 1–2 Wochen haltbar. Er kann auch eingefroren werden.

Liptauer

....
125 g Butter
....
125 g Topfen
....
3 EL Schlagobers
....
1 Zwiebel
....
2 EL Schnittlauch
....
etwa 1/2 TL Salz
....
1 TL Senf
....
1 TL Tomatenmark
....
1 Essiggurke
....

Weiche Butter (Zimmertemperatur) mit dem Topfen verrühren, bis eine geschmeidige Masse entsteht. Schlagobers und Gewürze einrühren, zuletzt die klein geschnittene Zwiebel, den Schnittlauch und die Essiggurke unterrühren.

Nussbutter

1 1/2 Tassen ungesalzene Erdnüsse,
Walnüsse oder Mandeln

2 EL Sonnenblumenöl

etwas Salz

etwas Honig nach Geschmack

Die Nüsse mit dem Öl mit dem Stabmixer so
lange mixen, bis die Creme die gewünschte
Konsistenz hat.

Mit einzelnen Nussstückchen schmeckt die
Nussbutter besonders gut. Je nach Belieben
mit Salz oder Honig würzen.

Pikanter Topfenaufstrich

125 g Butter

250 g Topfen

1 kleine Zwiebel

1 TL Kapern

1/2 TL Salz

1 TL scharfer Senf

etwas Kümmel

1 Prise Pfeffer

3 EL Weißwein

etwas Sauerrahm

etwas Schnittlauch

Die zimmerwarme Butter mit dem Topfen
gut verrühren. Die Zwiebel klein schneiden,
die Kapern hacken und zusammen mit den
Gewürzen unter die Masse mengen. Sauerrahm und Weißwein einrühren, an einem
kühlen Ort 1 Stunde ziehen lassen und mit
Schnittlauch bestreut servieren.

Walnusstopfen

250 g Topfen

125 g Butter

1 Prise Salz

150 g Walnüsse

Topfen mit der Butter verrühren, salzen
und mit den grob gehackten Walnüssen vermengen.

Käse-köstlichkeiten

Käse kennt man schon seit 10 000 Jahren

Bereits vor 10 000 Jahren, also in der Jungsteinzeit, kannten die Jäger und Sammler schon den Käse. Sie begannen, den Auerochsen zu domestizieren und erfuhren auch, um wieviel angenehmer es ist, die Tiere zu halten statt sie zu jagen, wurden sie doch täglich mit frischer Milch versorgt. Und irgendwann, wahrscheinlich eher zufällig, hat man dann beobachtet, wie Milch sauer und dick geworden ist – der erste Frischkäse war entstanden.

Es gilt als erwiesen, dass die Sumerer im Zwischenstromland vor 5000 Jahren Käse herstellten und zu sich nahmen, auch die Nomaden Zentralasiens machten die Entdeckung, dass Milch säuerte und in dieser Form äußerst bekömmlich war.

Auch von anderen Völkern wissen wir, dass sie Käse herstellten und damit Handel trieben. Die alten Römer kannten bereits viele Sorten und raffinierte Rezepturen, aber auch die Griechen und Kelten beherrschten die Kunst des Käsemachens vorzüglich.

Heute kennt man auf der ganzen Welt etwa 4000 Käsearten, der größte Anteil davon wird aus Kuhmilch gewonnen.

So zahlreich die Käsesorten auch sind, so vielfältig sind sie auch in ihrem Geschmack, denn diesen prägen Umstände wie Klima, Boden und Pflanzenbestand, aber auch Art der Milch, Temperatur und Reifedauer.

Unter Käse versteht man das aus dickgelegter Milch gewonnene Produkt, nachdem die Molke abgelaufen ist. Das ist nun ein Vorgang, der eigentlich in jedem Haushalt durchführbar ist, doch die Käseherstellung in den Käsereien ist natürlich komplizierter und erfordert auch spezielle Erfahrungen bei den einzelnen Sorten.

Alles, was Milch gehaltvoll und wertvoll macht, ist auch im Käse enthalten und macht ihn somit zu einem hochwertigen Nahrungs- und Genussmittel. Neben wertvollem Eiweiß enthält Käse auch verschiedene Mineralstoffe und Vitamine.

Käse wird mit unterschiedlichen Fettgehalten angeboten, von der Magerstufe bis hin zur Doppel-rahmstufe mit bis zu 65% Fett in der Trockenmasse. Der Fettgehalt in der Trockenmasse muss auch auf den Verpackungen der im Handel erhältlichen Käsesorten vermerkt sein. Da Käse zu einem Großteil aus Wasser besteht, der Wassergehalt aber von der Herstellung bis zum Genuss variiert beziehungsweise abnimmt, bezieht sich die Angabe des Fettgehalts immer auf die Trockenmasse.

Auch Einteilungen der Vielzahl an ausländischen und inländischen Käseprodukte können auf-grund des Fettgehalts in der Trockenmasse vorgenommen werden.

Praxistipps

Die Käseherstellung

Die richtige Milchwahl

Ganz wesentlich für das Gelingen der eigenen Käsespezialitäten ist die Wahl der richtigen Milch, findet man doch in den Kühlregalen eine Vielzahl von frischen und haltbar gemachten Milch-sorten mit unterschiedlichem Fettgehalt.

Nicht jede Milch eignet sich gleich gut zur Käsegewinnung. Besonders gut geeignet ist Rohmilch, die nur direkt beim Erzeuger sprich Bauern zu beziehen ist. Als „Vorzugsmilch" wird diese Milch in ihrer natürlichen Beschaffenheit mit unverändertem Fettgehalt im Handel angeboten. Strenge Qualitätskontrollen garantieren allerbeste Qualität, laufende Überprüfungen der Beschaffenheit der Milch, Verpackung und des Transportes werden durchgeführt. Rohmilch und Vorzugsmilch müssen vor der Weiterverarbeitung allerdings pasteurisiert, das heißt auf 72 °C erhitzt werden.

Es eignet sich aber auch sehr gut die im Handel erhältliche pasteurisierte Vollmilch mit 3,5% Fett. Diese Milch enthält garantiert keine schädlichen Keime und Bakterien, die den Käse verder-ben könnten, was ja bei der Verwendung von nicht erhitzter Rohmilch der Fall sein könnte.

Maßgeblich am Erfolg ist auch, dass die Milch bei der Käsegewinnung nie zu alt ist, verwendet man Rohmilch, sollte die Milch aber auch nicht ganz frisch, im Idealfall ungefähr 12 Stunden alt sein.

Da Milch zu den recht leicht verderblichen Lebensmitteln gehört, sollte man unbedingt darauf achten, dass sie nicht zu lange offen steht und nicht zu warm und hell gelagert wird.

Außerdem nimmt Milch sehr leicht Fremdgerüche an und sollte aus diesem Grund nicht neben intensiv riechenden, unverschlossenen Lebensmitteln stehen.

Arbeitsgeräte

Für die Käseherstellung werden kaum Spezialgegenstände benötigt, das meiste ist in einem gut ausgerüsteten Haushalt ohnehin vorhanden.

- Edelstahltopf mit einem Fassungsvermögen von ca. 5 Litern zum Erwärmen der Milch.
- Küchensieb aus Kunststoff oder Metall zum Trennen des Bruches von der Molke.
- Dickmilchschneider zum Zerteilen der Dickmilch in Bruchstücke, damit die Molke besser austreten kann.
- Leinentücher zum Ausschlagen der Käseformen, aber auch, um die Käsemasse von der flüssigen Molke zu trennen.
- Thermometer, um beim Erhitzen der Milch die exakte Temperatur zu bestimmen.
- Käseformen aus Holz, Kunststoff oder Keramik. Man kann sich aber auch mit Plastikbechern behelfen, in die man Löcher hineinstanzt.
- Käsepresse für alle festeren und harten Käsesorten.

Ohne Lab geht es nicht

Lab ist ein wichtiger Gerinnstoff bei der Käseherstellung und ist ein Ferment, das im Magen säugender Kälber abgesondert wird. Es wird industriell verarbeitet und in flüssiger oder fester Form angeboten. Es gibt aber auch pflanzliches Lab, ja sogar Lab aus Bakterien ist erhältlich.

Durch Lab kann Milch in relativ kurzer Zeit dick gelegt werden und es hängt auch von der jeweiligen Käsesorte ab, welche Labsorte man dafür verwendet. Lab gibt es in flüssiger und in Tablettenform, wobei Flüssiglab schwieriger zu dosieren ist und deshalb gerade für den Anfang Labtabletten empfehlenswert sind.

Lab ist nicht unbegrenzt haltbar und sollt innerhalb eines Jahres aufgebraucht werden.

Starterkulturen

Neben Milch und Lab sind für die erfolgreiche Käsegewinnung auch noch zugeführte Milchsäurebakterien als Starterkulturen nötig. Dafür eignen sich Sauermilch, Buttermilch und Jogurt vorzüglich, obgleich man in den Käsereibetrieben eigens gezüchtete Bakterienrassen dafür verwendet.

Man sollte der angewärmten Milch mindestens 3–5% Starterkulturen beifügen, wobei zu beachten ist, dass die dafür verwendeten Produkte frisch, das heißt allerhöchstens 10 Tage alt sein sollten.

Damit Käse gelingt

● Um wirklich gute Ergebnisse bei der Käsegewinnung zu erzielen, ist äußerste Sauberkeit und Hygiene oberstes Gebot. Alle Arbeitsgeräte und Utensilien müssen mit heißem Wasser gereinigt beziehungsweise abgekocht werden. Auch die Käsetücher sollten gründlich ausgewaschen, dann gekocht und anschließend nochmals in kochendes Wasser gelegt werden.

● Verwendet man Rohmilch, dann muss sie unbedingt pasteurisiert werden, und trotzdem sind Fehlfabrikate nicht auszuschließen. Die zum Käsen verwendete Milch sollte frisch, kühl gelagert und nicht zusammen mit stark riechenden Lebensmitteln aufbewahrt werden.

● Auch die verwendeten Starterkulturen sollten nicht älter als 10 Tage sein und ca. 2 Stunden vor dem Lab in die Milch eingerührt werden.

● Lab sollte immer exakt dosiert werden.

● Selbst gemachter Käse wird sich immer im Geschmack stark von allen herkömmlichen, gekauften Käsesorten unterscheiden. Bekannte Käsesorten können auch gar nicht in der Hauskäserei hergestellt werden, weil dafür bestimmte Bakterienkulturen verwendet werden, an deren Namen man nicht herankommt.

● Übung macht den Meister, und je mehr Erfahrungen man beim Käseherstellen macht, umso reifer und hochwertiger wird auch das Endprodukt werden.

Wie Weichkäse entsteht

Die Weichkäsesorten haben im Gegensatz zum Hartkäse einen höheren Wassergehalt und dadurch eine weichere Konsistenz. In der Herstellung ist Weichkäse zwar etwas komplizierter und aufwendiger als etwa Frischkäse, es lassen sich aber trotzdem äußerst delikate Spezialitäten in der eigenen Käseküche gewinnen.

Es ist allerdings nicht möglich, die aus dem Handel bekannten Käsesorten zu produzieren, da dafür spezielle Bakterienkulturen nötig sind, die nicht bekannt sind.

GRUNDREZEPT WEICHKÄSE

> 2 l Milch
> 5 EL Butter-, Sauermilch oder Jogurt
> 1 Labtablette oder 6 Tropfen Flüssiglab

- Vorzugsmilch oder pasteurisierte Milch auf ca. 36 °C erwärmen, damit die Milchsäuregärung in Gang gesetzt wird. Anschließend Starterkulturen beigeben und zugedeckt an einem warmen Ort etwa 1 Stunde stehen lassen.

- Labtablette in etwas lauwarmem Wasser auflösen, in die Milch einrühren und nochmals ca. 1 Stunde warmhalten.

- Nach der Dicklegung der Milch wird sie nun in mehr oder weniger große Würfel geschnitten. Dadurch wird die Trennung der Käsemasse von der Molke erzielt. Je gröber die Würfel geschnitten werden, umso weniger Molke kann austreten und umso weicher wird der Käse in seiner Konsistenz. Fachleute verwenden zum Schneiden eine sogenannte Käseharfe, man kann aber genauso gut mit einem Messer schneiden.

- Ungefähr 30 Minuten stehen lassen, damit die Molke ausreichend aus dem Käsebruch austreten kann. Der Käsebruch setzt sich ab und die Molke kann gut abgeschöpft werden.

- Den Bruch mit einem Löffel in eine mit nassem Käseleinen ausgelegte Käseform schöpfen. Dabei behutsam vorgehen, damit der Käsebruch nicht noch kleiner wird, als erwünscht. Die Käseformen müssen Löcher haben, damit die Molke abfließen kann, und man stellt sie am besten auf ein Gitter, das man über einen Topf legt.

- Möchte man Käse mit Gewürzen oder Kräutern herstellen, so mischt man diese unter den Bruch, bevor man ihn in die Käseform füllt.

- Den Käse mit nassem Käseleinen bedecken und etwa 36 Stunden stehen lassen. Währenddessen muss der Käse alle 5–8 Stunden gewendet werden, damit die Molke auch wirklich gut abfließen kann.

- Den Käse aus der Form nehmen und in eine Salzlake einlegen, damit der Geschmack verbessert wird und auch eine größere Haltbarkeit erzielt wird. Für die Salzlake löst man 200 g Salz in 1 Liter lauwarmem Wasser auf. Den Käse für etwa 1–3 Stunden in die Salzlake einlegen und dabei immer wieder wenden, damit er auf allen Seiten ausreichend mit der Salzlake bedeckt ist. Es besteht auch die Möglichkeit, den Käse zu beschweren, damit er nicht aus der Flüssigkeit herausragt.

- Weichkäse läßt man in der Regel mehrere Tage bis höchstens 2 Wochen reifen, und zwar sollte der Käse bei ca. 15 °C und relativ hoher Luftfeuchtigkeit gelagert werden.

Käsereifung

Man kann den Käse in feuchte Tücher einhüllen, oder man gibt ihn in eine große Keramikschüssel, deren Boden einige Millimeter hoch mit Wasser bedeckt ist. In diese Schüssel stellt man einen kleinen Teller, darauf legt man wiederum ein Gitter, auf das der Käse gesetzt wird. Über diese Schüssel breitet man ein sauberes Geschirrtuch, das mit einem Gummiring oder einer Schnur gespannt und fixiert wird. Den Käse mit diesem Gefäß in einen Raum stellen, der die benötigte Temperatur hat.

Blauschimmelkäse

2 l Vollmilch

5 EL Buttermilch

1 Labtablette

1 kleines Stück Blauschimmelkäse

Milch auf 35 °C erwärmen und die Buttermilch einrühren. Nach 1–2 Stunden Labtablette auflösen, einrühren und zugedeckt an einem warmen Ort 2 Stunden stehen lassen. Anschließend die Dickmilch schneiden, nochmals 10 Minuten rasten lassen, den Bruch dann vorsichtig in ein Tuch schöpfen und durch sanftes Hin-und-Her-Bewegen die Molke ablaufen lassen.

Ein Stück eines gekauften Blauschimmelkäses in etwas Molke auflösen und vorsichtig unter den Käsebruch heben, diesen anschließend in eine Käseform füllen. Den Käse 2 Tage bei Zimmertemperatur abtropfen lassen, dabei mehrmals im Tuch wenden.

Käse ca. 3 Stunden in Salzlake einlegen, einmal wenden, dann herausnehmen und abtropfen lassen. Weichkäse mit einer dicken Nadel rundum einstechen und bei ca. 10 °C etwa 5 Wochen reifen lassen.

Knoblauchkäse in Olivenöl

2 l Vollmilch

200 ml Schlagobers

8 EL Buttermilch

1 Labtablette

2 Knoblauchzehen

1 Prise Salz

Olivenöl

etwas Anissamen

Milch und Schlagobers verrühren und auf 35 °C erwärmen, anschließend die Buttermilch einrühren. Nach 2 Stunden die aufgelöste Labtablette einrühren, die Milch zugedeckt an einem warmen Ort ca. 1 Stunde stehen lassen und dann schneiden. Den Käsebruch in einem Tuch hin- und herbewegen, den gepressten Knoblauch mit dem Salz mit etwas Molke verrühren und unter den Bruch mischen. Die Bruchmasse in eine Käseform füllen, die Molke 2 Tage auslaufen lassen und dabei den Käse alle 10 Stunden wenden. Ca. 2 Stunden in Salzlösung einlegen und dann bei ca. 12 °C etwa 5 Tage reifen lassen.

Den Käse in Würfel schneiden, in ein Glas schichten, zerstoßene Anissamen dazugeben und mit Olivenöl auffüllen. Kühl und dunkel lagern, der gesamte Käse muss mit Öl bedeckt sein.

Pfefferkäse

2 l Vollmilch

4 EL Sauermilch

1 Labtablette

schwarzer Pfeffer

Milch unter Rühren auf 40 °C erwärmen, anschließend die Sauermilch einrühren. Die Milch zugedeckt an einem warmen Ort ca. 2 Stunden stehen lassen, anschließend die Labtablette auflösen und einrühren. Milch ca. 1 Stunde stehen lassen und dann schneiden. 10 Minuten rasten lassen und dann den Käsebruch in einem Tuch hin- und herbewegen, anschließend die Bruchmasse in eine Käseform füllen, 2 Tage abtropfen lassen und dabei den Käse alle 10 Stunden wenden. Ca. 2 Stunden in Salzlösung einlegen und dann im Kühlschrank ca. 1 Woche reifen lassen. Vor dem Servieren in geschrotetem Pfeffer wälzen und andrücken.

Rahmkäse

200 ml Schlagobers

200 ml Jogurt

2 l pasteurisierte Milch

1 Labtablette

Milch und Schlagobers unter Rühren auf 40 °C erwärmen, anschließend das Jogurt einrühren. Die Milch zugedeckt an einem warmen Ort ca. 2 Stunden stehen lassen, die Labtablette auflösen und dann einrühren. Milch ca. 1 Stunde stehen lassen und dann schneiden. 10 Minuten rasten lassen und dann den Käsebruch in einem Tuch hin- und herbewegen. In eine Käseform füllen, 2 Tage abtropfen lassen und dabei den Käse alle 10 Stunden wenden. Ca. 3 Stunden in Salzlake einlegen, bei Zimmertemperatur abtrocknen lassen und dann im Kühlschrank ca. 5 Tage reifen lassen.

Walnusskäse

---

100 g Walnüsse

2 l pasteurisierte Milch

200 ml Schlagobers

5 EL Sauermilch

1 Labtablette

Milch und Schlagobers unter Rühren auf 40 °C erwärmen, anschließend die Sauermilch einrühren. Die Milch zugedeckt an einem warmen Ort ca. 2 Stunden stehen lassen, die Labtablette auflösen und dann einrühren. Milch ca. 1 Stunde stehen lassen und dann schneiden. 10 Minuten rasten lassen und dann den Käsebruch in einem Tuch hin- und herbewegen. Die gehackten Walnüsse unter die Bruchmasse heben, in eine Käseform füllen, 2 Tage abtropfen lassen und dabei den Käse alle 10 Stunden wenden. Ca. 2 Stunden in Salzlösung einlegen und dann im Kühlschrank ca. 1 Woche reifen lassen.

Weichkäse nach Camembertart

---

2 l pasteurisierte Milch

200 ml Schlagobers

8 EL Sauermilch

1 kleines Stück gekaufter Camembert

1 Labtablette

Milch und Schlagobers verrühren und auf 35 °C erwärmen, anschließend die Sauermilch einrühren. Die Milch zugedeckt an einem warmen Ort ca. 2 Stunden stehen lassen und die aufgelöste Labtablette einrühren. Ca. 1 Stunde an einem warmen Ort stehen lassen und dann die Dickmilch schneiden. Den Käsebruch in einem Tuch hin- und herbewegen, die abgeschabte und zerkleinerte Camembertrinde in etwas Molke auflösen und unter den Bruch mischen. Die Bruchmasse in eine Käseform füllen, die Molke 2 Tage auslaufen lassen und dabei den Käse alle 10 Stunden wenden. Camembert ca. 2 Stunden in Salzlösung einlegen und dann bei ca. 15 °C 10 Tage reifen lassen, währenddessen alle 48 Stunden wenden.

So wird Hartkäse gemacht

Hartkäse weist einen viel geringeren Wassergehalt auf als Frisch- und Weichkäse, braucht von allen Käsesorten die längste Reifezeit und ist sehr lange haltbar. Hartkäse wird gepresst, wodurch er die gewünschte Festigkeit erlangt.

GRUNDREZEPT HARTKÄSE

> 5 l Milch
> 10 EL Butter- oder Sauermilch
> 2 1/2 Labtabletten

- Die Milch unter ständigem Rühren auf ca. 35 °C erwärmen und anschließend die Butter- oder Sauermilch einrühren. Zugedeckt an einem warmen Ort ca. 1 Stunde stehen lassen. Die Temperatur der Milch sollte nicht unter 32 °C fallen.

- Die in etwas lauwarmem Wasser aufgelösten Labtabletten einrühren und nochmals zugedeckt an einem warmen Ort stehen lassen.

- Mit einem Dickmilchschneider wird die Dickmilch in 1 cm große Würfel geschnitten. Nach ca. 15 Minuten nochmals mit einem Schneebesen durchrühren, so dass der Bruch noch etwas kleiner wird und anschließend 10 Minuten stehen lassen. Der Bruch muss noch „gewaschen" oder „gebrannt" werden, damit die Molke aus den Bruchkörnern austreten kann. Zu diesem Zweck wird der Bruch entweder im Wasserbad unter ständigem Rühren noch einmal erhitzt, wobei die Temperatur ca. 40 °C betragen muss. Oder, die zweite Möglichkeit, man gießt auf 60 °C erhitztes Wasser unter ständigem Rühren zur Bruchmasse und läßt diese dann 1/2 Stunde stehen, während der man immer wieder vorsichtig durchrührt.

- Den Käsebruch vorsichtig in ein mit einem Leinentuch ausgelegtes Sieb schöpfen, jeweils zwei Enden des Tuches in eine Hand nehmen und hin und her bewegen, damit die Molke optimal abfließen kann.

- Käseformen mit feuchten Käsetüchern ausschlagen, straffen, dann den Bruch einfüllen und fest eindrücken. Das Käsetuch an der Oberfläche des Bruches straff und möglichst ohne Falten zusammenlegen. Ausschlaggebend ist nun, dass der Käse unter Einhaltung der richtigen Temperatur gepresst wird, um die erforderliche Festigkeit zu erlangen. Beginnen sollte man dabei mit nicht zu starkem Druck, denn dadurch würde das ausreichende Abfließen der Molke erschwert. Zunächst presst man etwa 2 Stunden mit einem Gewicht von ca. 3 Kilogramm pro Kilogramm Käse.

- Nach 2 Stunden den Käse im Leinentuch und in der Form ebenfalls wenden. Für Schnittkäse nun den Käse für etwa 10 Stunden mit einem Gewicht von ungefähr 6 Kilogramm pro Kilogramm Käse pressen. Für Hartkäse wird ein Gewicht von 15 Kilogramm pro Kilogramm Käse verwendet und die Pressdauer kann schon 1–2 Tage betragen. Beim Pressen sollte die Temperatur von 20–22 °C eingehalten werden.

- Käse sorgfältig aus dem Tuch wickeln und für ca. 5 Stunden in eine Salzlake einlegen. Hierzu werden 250 g Salz in 1 Liter Wasser aufgelöst, der Käse muß dabei gewendet werden, da er auf der einen Seite herausragt.

- Käse aus der Salzlake nehmen, auf ein Gitter legen und trocknen lassen. Ist der Käse dann tatsächlich trocken, beginnt die Reifezeit, die bei Schnitt- und Hartkäse 5–8 Wochen beträgt. Während dieser Zeit sollte der Käselaib anfänglich alle zwei Tage gewendet und mit einem in Salzlösung getränkten Tuch abgewischt werden, damit es zu keiner Schimmelbildung kommt. Nach 2 Wochen genügt es auch, den Käse nur mehr alle 4–5 Tage zu wenden.

Almkäse

3 l pasteurisierte Milch

5 EL Buttermilch

1 1/2 Labtabletten

Milch unter Rühren auf 45 °C erwärmen und die Buttermilch einrühren. Labtabletten auflösen, in die Milch einrühren und zugedeckt 1 Stunde an einem warmen Ort stehen lassen. Anschließend die Dickmilch in Würfel schneiden, den Käsebruch mit einem Schneebesen durchrühren und nochmals 10 Minuten stehen lassen. Den Käsebruch, wie auf der vorhergehenden Seite beschrieben, „waschen", dann in ein mit einem feuchten Käseleinen ausgeschlagenes Sieb schöpfen, hin- und herbewegen und in eine Käseform, die man zuvor in heißes Wasser einlegt, geben. Die Bruchmasse fest eindrücken und die Enden des Käsetuches möglichst faltenfrei über dem Käse zusammenlegen. 2 Stunden mit einem Gewicht von 3 Kilogramm pressen, dann wenden und weitere 12 Stunden mit 6 Kilogramm pressen.

5 Stunden in Salzlake einlegen und mehrere Wochen bei ca. 15 °C reifen lassen, dabei immer wieder wenden.

Doppelrahmkäse

200 ml Schlagobers

3 l Vollmilch

7 EL Buttermilch

1 1/2 Labtabletten

Milch mit dem Schlagobers vermengen und unter Rühren auf 45 °C erwärmen, die Buttermilch einrühren. Labtabletten auflösen, in die Milch einrühren und zugedeckt 1 Stunde an einem warmen Ort stehen lassen. Anschließend die Dickmilch in Würfel schneiden, den Käsebruch mit einem Schneebesen durchrühren und nochmals 10 Minuten stehen lassen. Den Käsebruch, wie auf der vorhergehenden Seite beschrieben, „waschen", diesen dann in ein mit einem feuchten Käseleinen ausgeschlagenes Sieb schöpfen, hin- und herbewegen und in eine Käseform, die man zuvor in heißes Wasser eingelegt hat, geben. Die Bruchmasse fest eindrücken und die Enden des Käsetuches möglichst faltenfrei über dem Käse zusammenlegen. Ca. 12 Stunden mit einem Gewicht von 3 Kilogramm pressen.

3 Stunden in Salzlake einlegen.

Hartkäse mit Kümmel

3 l pasteurisierte Milch

1 1/2 Labtabletten

5 EL Buttermilch

Kümmel

Milch unter Rühren auf 45 °C erwärmen und die Buttermilch einrühren. Labtabletten auflösen, in die Milch einrühren und zugedeckt 1 Stunde an einem warmen Ort stehen lassen. Anschließend die Dickmilch in Würfel schneiden, den Käsebruch mit einem Schneebesen durchrühren und nochmals 10 Minuten stehen lassen. Den Käsebruch, wie auf Seite 109 beschrieben, „waschen". Den Kümmel 10 Minuten mit heißem Wasser überbrühen, abseihen und unter den Bruch mischen, diesen dann in ein mit einem feuchten Käseleinen ausgeschlagenes Sieb schöpfen, hin- und herbewegen und in eine Käseform, die man zuvor in heißes Wasser eingelegt hat, geben. Die Bruchmasse fest eindrücken und die Enden des Käsetuches möglichst faltenfrei über dem Käse zusammenlegen. 2 Stunden mit einem Gewicht von 3 Kilogramm pressen, dann wenden und weitere 36 Stunden mit 15 Kilogramm pressen.

5 Stunden in Salzlake einlegen und 3–5 Wochen bei ca. 15 °C reifen lassen, dabei immer wieder wenden.

Kräftiger Hauskäse

3 l Vollmilch

7 El Sauermilch

1 1/2 Labtabletten

10 g Salz

Milch unter Rühren auf 45 °C erwärmen und die Sauermilch einrühren. Labtabletten auflösen, in die Milch einrühren und zugedeckt 1 Stunde an einem warmen Ort stehen lassen. Anschließend die Dickmilch in Würfel schneiden, den Käsebruch mit einem Schneebesen durchrühren und nochmals 10 Minuten stehen lassen. Den Käsebruch, wie auf Seite 109 beschrieben, „waschen". Das Salz unter den Bruch mischen, diesen dann in ein mit einem feuchten Käseleinen ausgeschlagenes Sieb schöpfen, hin- und herbewegen und in eine Käseform, die man zuvor in heißes Wasser eingelegt hat, geben. Die Bruchmasse fest eindrücken und die Enden des Käsetuches möglichst faltenfrei über dem Käse zusammenlegen. 2 Stunden mit einem Gewicht von 3 Kilogramm pressen, dann wenden und weitere 12 Stunden mit 6 Kilogramm und nach nochmaligem Wenden weitere 36 Stunden mit 15 Kilogramm pressen.

Dieser Käse erhält kein Salzbad, sondern er wird mit einem Mehl-Wasser-Gemisch dick eingerieben, in ein Baumwolltuch eingewickelt und 4 Wochen in einem kühlen, dunklen Raum gelagert. Alle paar Tage wenden.

Würste und Pasteten

Lob und Anerkennung gebührt dem Fleischer, der die Wurst erfunden hat. Diente die Wurstherstellung ursprünglich der Verwertung von Fleischresten, die beim Zerlegen eines Tieres übrigblieben, so gibt es heutzutage schon eine unglaubliche Vielfalt an delikaten und exquisiten Wurstwaren.

Angesichts immer neuer Fleisch- und Lebensmittelskandale tritt bei vielen Konsumenten der Wunsch auf, selber bestimmen zu können, was man isst. Davon abgesehen ist es auch wesentlich günstiger, Wurstwaren selber herzustellen, denn diese nehmen im Haushaltsbudget eines Durchschnittshaushalts den größten Teil ein.

Prinzipiell kann jeder in seiner Küche Würste selber herstellen, es gibt aber schon einige grundsätzliche Dinge zu beachten. So muss man beim Wursten auf peinliche Sauberkeit der Küche, der Geräte und auch der Arbeitskleidung achten. Wichtig ist natürlich auch, dass nur allerbeste Zutaten verarbeitet werden, wie beispielsweise nur Fleisch von frei laufenden Tieren, denn dieses ist unvergleichlich besser im Geschmack, trockener, fester und leichter zu verarbeiten. Es ist auch darauf zu achten, dass das Fleisch und die anderen Zutaten kühl und rasch verarbeitet werden, denn durch Schmutz und Bakterien können sie schnell verderben.

Beim Wurstmachen kommt noch ein wesentlicher Aspekt, nämlich der soziale, dazu: Beim Wursten wird nämlich immer eine zweite Person benötigt.

Auch Pasteten und Terrinen lassen das Herz eines jeden Feinschmeckers höher schlagen. Sie werden durch eine Fettschicht an der Oberfläche konserviert, wodurch das Eindringen von Luft und Feuchtigkeit verhindert wird. Pasteten wurden früher in kühlen Kellergewölben oft bis zu 3 Monaten gelagert, heute macht man das in der Regel nicht mehr, bewahrt sie im Kühlschrank auf und verzehrt sie auch relativ rasch.

Hausgemachte Würste sowie Pasteten und Terrinen eignen sich zudem hervorragend als individuelles Geschenk für jeden Genießer.

Grundsätzlich können Würste in folgende drei Gruppen eingeteilt werden:

- **Rohwürste oder Dauerwürste:** Sie werden aus rohem Fleisch- und Speckmaterial hergestellt und werden nicht gegart. Durch spezielle Räucher- und Trocknungsverfahren erhalten Rohwürste ihr Aussehen, ihren Geschmack und ihre große Haltbarkeit. Rohwürste werden oft kalt geräuchert, wodurch sie sehr gut konserviert werden. Dazu gehören alle Salamisorten, Landjäger, Zervelatwürste und Teewürste, aber auch alle Grill- und Bratwürste, die keiner Hitzebehandlung unterzogen wurden.
- **Brühwürste:** Sie werden ebenfalls aus rohem Fleischmaterial hergestellt, werden anschließend allerdings einer Hitzebehandlung unterzogen. Zu den Brühwürsten gehören unter anderen: Krakauer, Mortadella und Fleischwurst.
- **Kochwürste:** Für Kochwürste wird bereits vorgekochtes Material verwendet, nämlich Fleisch, Fett und Innereien. Anschließend werden diese Würste in heißem Wasser (80 °C) gegart und erhalten dadurch ihre Bindung.

Pasteten

Pasteten sind den Brühwürsten ähnlich und werden in gut gefetteten Kastenformen im Backrohr bei ca. 200 °C gebacken. Man sollte darauf achten, dass die Pastete nicht am Boden der Backform festbäckt. Außerdem verhindert das Bedecken der Pastete mit einem gefetteten Pergamentpapier ein zu starkes Bräunen und Austrocknen.

Einkochen von Würsten

Das Einkochen ist eine sehr gute Möglichkeit, Wurstwaren mit einer längeren Haltbarkeit herzustellen. Die in Gläsern gefüllte Wurstmasse wird in kochendem Wasser gekocht und durch die Eiweißgerinnung schnittfest. Um sicher zu gehen, dass ausreichend lange sterilisiert wurde, empfiehlt es sich, den Vorgang am folgenden Tag nochmals zu wiederholen.

Arbeitsgeräte

- Fleischwolf zum Zerhacken der Materialien und zum Füllen der Würste. Es ist wichtig, verschiedene Lochscheiben für den Fleischwolf zu haben, um die Zutaten in der gewünschten Größe zu zerkleinern. Empfehlenswert sind Lochscheiben mit 4,5 mm, 8 mm und 10 mm großen Löchern. Weiters ist auch besonders auf die Schärfe des Kreuzmessers zu achten. Ist dieses nämlich zu stumpf, leidet die Qualität der Wurst sehr darunter.

- Füllaufsätze für den Fleischwolf. Durch diese wird der Fleischwolf zur Wurstfüllmaschine umfunktioniert. Die Füllaufsätze bestehen aus lebensmittelechtem Kunststoff und sind sehr leicht zu reinigen.

- Natur- und Kunstdärme als Wursthüllen. Naturdärme werden sorgsam gereinigt und kommen in Salzlösung eingelegt auf den Markt. Kunstdärme werden aus den verschiedensten Materialien, wie z.B. Zellstoff, oder aus Bestandteilen der Rinderhaut hergestellt.

- Scharfe Fleischmesser.

- Großes Schneidbrett, aus hygienischen Gründen sollte es aus Kunststoff sein.

- Pasteten- und Terrinenformen.

- Wurstschnur.

- Gläser mit Schraubverschluss zum Einkochen von Wurstwaren.

Auf die Würze kommt es an

- **Salz:**
  Nicht nur als Würzmittel ist Salz für die Wursterzeugung unerlässlich, es dient auch der Konservierung. Mit seiner Eigenschaft, Wasser zu binden, entzieht es den Bakterien die Lebensgrundlage und verbessert somit die Haltbarkeit der Würste. Je feiner das verwendete Salz, umso besser verteilt es sich in der Wurstmasse.

- **Nitritpökelsalz:**
  Es besteht aus Speisesalz und einer geringen Menge Nitrit, welches der Wurst das rötliche Aussehen verleiht. Diese Salzmischung wird fertig im Handel angeboten. Für die Herstellung von Rohwürsten ist die Zugabe von Nitritpökelsalz unbedingt notwendig, da nur so die nötige Haltbarkeit erzielt wird.

- **Gewürze:**
  Über die Wahl und Dosierung der Gewürze kann jeder Wursthersteller selbst entscheiden, denn das macht ja auch die Einzigartigkeit der gefertigten Wurst aus.
  Außer Pfeffer und Salz werden sehr gerne Majoran, Paprika, Kümmel etc. verwendet. Rohwürsten wird auch noch Zucker beigegeben, denn nur so kann die gewünschte Haltbarkeit erzielt werden.

Das beste Fleisch

● Achten Sie beim Fleischeinkauf auf allerbeste Qualität. Am besten kaufen Sie direkt vom Landwirt ab Hof oder von einem Fleischhauer Ihres Vertrauens, der nur Fleisch von Tieren aus heimischen Ställen anbietet.

● Großteils wird Schweinefleisch zur Herstellung von Würsten verwendet, für Grill- und Bratwürste ist es besonders ideal, da es meist zart und saftig ist und dadurch den Würsten die gewünschte Bindung verleiht.

Herstellung von Rohwurst

● Grundsätzlich ist zu beachten, dass Rohwurst nur in der kalten Jahreszeit im eigenen Haushalt hergestellt werden kann.

● Meist verwendet man eine Mischung aus Rind- und Schweinefleisch.

● Für die Rohwurstproduktion darf nur Fleisch von älteren Tieren verwendet werden, denn dieses hat einen niedrigeren Wassergehalt und den erforderlichen Säuregrad, der eine bessere Haltbarkeit der Wurst bewirkt.

GRUNDREZEPT   700 g mageres Schweinefleisch vom Schlegel, ohne Sehnen
700 g mageres Rindfleisch
500 g kerniger Rückenspeck ohne Schwarte
3 EL Pökelsalz
2 EL geschroteter weißer Pfeffer
1/2 EL Zucker
Naturdärme oder Kunstdärme

● Das Fleischmaterial vor der Verarbeitung gut einkühlen (eventuell für kurze Zeit in den Gefrierschrank geben).

● Das Schweinefleisch und das Rindfleisch durch die feine Lochscheibe des Fleischwolfs drehen, den Speck in kleine Würfel von 1/2 cm schneiden.

● Gewürze und Pökelsalz über das Fleisch geben und durchmischen, nach einigen Minuten auch den Speck dazugeben und nochmals ein paar Minuten durchmengen.

● Die Wurstmasse darf beim Einfüllen in die Häute eine Temperatur von 4 °C nicht überschreiten, gegebenenfalls muß das Fleisch nochmals gekühlt werden.

Das Füllen der Wursthüllen

Besonders gut eignen sich Schweinedünndärme als Wursthüllen für Rohwürste, aber auch für Brat- und Grillwürste sind sie wegen ihrer Essbarkeit sehr gut geeignet. Die Verarbeitung von Schweinedünndärmen ist relativ einfach und setzt keinerlei Fachkenntnisse voraus.

- Verwendet man in Salzlösung eingelegt Naturdärme, so legt man sie 2 Stunden vor dem Füllen in lauwarmes Wasser ein.
- Den zur Darmgröße passenden Füllaufsatz am Fleischwolf nach Beschreibung anbringen.
- Den Darm aus dem Wasser nehmen, überschüssiges Wasser abstreifen und das eine Ende über den Füllaufsatz ziehen, das andere Ende mit einem Wurstband abbinden.
- Aus der Rohwurstmasse kleine Bälle formen und in den Fleischwolf füllen, dabei sollten Lufteinschlüsse vermieden werden. Sollte doch etwas Luft in die Wursthülle gelangen, so kann man an der betreffenden Stelle mit einer Nadel einstechen, und die Luft kann problemlos entweichen.
- Am besten gelingt diese Tätigkeit, wenn man zu zweit arbeitet. Während eine Person die Fleischbälle einfüllt und die Kurbel des Fleischwolfes dreht, hält die zweite Person den Darm auf dem Füllaufsatz fest, so dass dieser nicht verrutschen kann.
- Rohwürste sollten sehr straff gestopft werden. Ist der Darm gefüllt, stopft man den Rest der Wurstmasse, der sich noch im Füllaufsatz befindet, mit einem Kochlöffelstiel in den Darm.
- Das Ende des vollen Darms wird abgebunden, dann das Ende noch einmal umgebogen und abermals abgebunden. Dies geschieht deshalb, damit vermieden wird, dass Luft in den Darm gelangt.
- Das Wurstband zu einer Schlaufe knüpfen und die Wurst aufhängen.

Reifung der Rohwürste

- Die Rohwürste in einen dunklen, kühlen, gut belüfteten Raum hängen. Die Temperatur darf 15 °C nicht überschreiten und die Luftfeuchtigkeit sollte bei 75–80% liegen. Ist die Luftfeuchtigkeit zu hoch, kann die Wurst zu schimmeln beginnen, ist sie zu niedrig, besteht die Gefahr der Austrocknung.
- Würste niemals Zugluft aussetzen und vor hellem Licht schützen.
- Die Reifezeit beträgt je nach Dicke der Würste ca. 2 Wochen, zu diesem Zeitpunkt weist die Wurst eine feste Konsistenz und eine rote Farbe auf.

Räuchern

Nach dem Reifungsprozess werden Rohwürste einer Kalträucherung unterzogen. Dieser Vorgang wird bei Temperaturen von 15–20 °C durchgeführt und die Rohwürste erhalten dadurch eine besonders lange Haltbarkeit. Für die Kalträucherung ist ein Kalträucherschrank erforderlich. Bitte Anweisungen des Herstellers beachten.

Lagerung

Rohwürste können nach dem Kalträuchern auch gut im Räucherschrank hängen bleiben, vorausgesetzt, die Raumtemperatur ist nicht zu hoch. Ansonsten werden Rohwürste am besten in einem kühlen, dunklen und trockenen Raum aufbewahrt.

Bauernwurst

500 g mageres Schweinefleisch

500 g Speck

2 Scheiben Schwarzbrot

etwas Milch

4 TL Salz

25 zerdrückte Wacholderbeeren

1 Prise Cayennepfeffer

1 Prise Muskatblüte

2 TL Thymian

2 TL Salbei

2 EL Petersilie

2 EL Schnittlauch

Fleisch und Speck in Würfel schneiden und zweimal mit dem Fleischwolf fein faschieren, die in kochender Milch eingeweichten Brotscheiben auch faschieren. Alles in einer großen Schüssel gut miteinander verkneten, die Gewürze dazugeben und gut vermischen. Abschmecken, in Schraubgläser füllen, verschließen und im Wasserbad sterilisieren.

Geflügelleberpastete in Gläsern

500 g Geflügelleber

200 g Räucherspeck

500 g Kalbfleisch

125 ml Fleischsuppe

etwas Weinbrand oder Weißwein

1/2 TL Muskatblüte

1/2 TL Nelkenpulver

1/2 TL Cayennepfeffer

1/2 TL Knoblauchpulver

2 TL Zwiebelpulver

1 TL Thymian

1 TL Pökelsalz

Geflügelleber, Räucherspeck und Kalbfleisch klein schneiden. Alle Zutaten gut miteinander vermischen und mit einem Mixgerät zerkleinern. In Schraubgläser 3/4 voll abfüllen, verschließen und im Wasserbad 45 Minuten sterilisieren. Anschließend im Wasserbad abkühlen lassen und den Vorgang am nächsten Tag wiederholen.

Knoblauchwurst

700 g Schweinefleisch

700 g Rindfleisch

500 g Schweinespeck ohne Schwarte

50 g Pökelsalz

2 EL gemahlener weißer Pfeffer

3 Knoblauchzehen

1 EL Zucker

Das Fleisch und den Speck fein faschieren und mit den Gewürzen und dem zerriebenen Knoblauch gut vermengen. Die Wurstmasse in Schweinedünndärme abfüllen (siehe Grundrezept Seite 116) und in einem kühlen und luftigen Raum ca. 1 Woche reifen lassen. Anschließend mehrmals kalt räuchern.

Leberkäse

750 g Leber

750 g mageres Fleisch vom Rind oder Schwein

750 g Speck

2 Eier

100 g Mehl

etwas Milch

70 g Salz

3 g Zucker

5 g gemahlener weißer Pfeffer

2 g Ingwer und Kardamom

Die Leber faschieren, ebenso das Fleisch nach Wahl und den Speck in kleine Würfel schneiden. Die Eier verquirlen, das Mehl mit der Milch verrühren und die gesamten Zutaten gut miteinander vermischen, bis eine bindige Masse entstanden ist. In gefettete Wannen füllen und 1,5–2 Stunden im Backrohr backen. Heiß oder kalt servieren.

Mortadella

1,5 kg mageres Rindfleisch

400 g frischer Speck ohne Schwarte

1 gepökelte Zunge vom Schwein

350 ml Wasser

45 g Pökelsalz

1 TL Zucker

2 TL weißer Pfeffer

1/2 TL Kardamom

1/2 TL Ingwerpulver

2 TL Gemüsebrühe

150 g geschälte Pistazien

Wasser und Gewürze aufkochen und abkühlen lassen.

Rindfleisch und Speck in Würfel schneiden und dann dreimal fein faschieren. Mit einem Rührgerät nach und nach das Wasser in den Fleischteig einrühren, bis eine ganz feine, geschmeidige Masse entstanden ist. Die Zunge kurz kochen und enthäuten, in kleine Würfel schneiden und mit den Pistazien unter den Fleischteig mischen. In Schraubgläser 3/4 voll einfüllen und im Wasserbad 1 Stunde sterilisieren, abkühlen lassen und am nächsten Tag wiederholen.

Schweineleberwurst

1 kg Schweineleber

1 kg Bauchfleisch vom Schwein

150 g Zwiebeln

4 EL Sonnenblumenöl

2 EL Salz

1 EL Thymian

1 EL Majoran

100 g Sardellenpaste

200 g geschälte Pistazien

250 ml Fleischsuppe

Die geputzte Schweineleber und das vorbereitete Bauchfleisch fein faschieren.

Die Zwiebeln fein schneiden, kurz dünsten und mit den Gewürzen und dem Salz unter die Fleischmasse kneten, Pistazien und Fleischsuppe dazugeben. Abschmecken und in Gläser mit Schraubverschluss 3/4 voll füllen. Im Wasserbad 1 Stunde sterilisieren, auskühlen lassen und am nächsten Tag wiederholen.

Schweineschmalz

....
500 g Schweinespeck mit Schwarten
....
3–4 Knoblauchzehen
....
Salz
....
Salbei
....
Majoran
....

Schweinespeck rundum einsalzen, mit dem fein geschnittenen Knoblauch und etwas Wasser einige Tage ziehen lassen.

In einer Pfanne im Backofen braten, bis die Speckstücke durch und durch glasig sind. Ohne Schwarte faschieren und mit einem Teil des in der Pfanne angesammelten Fetts verrühren. Nun mit getrocknetem Salbei und Majoran und etwas Salz würzen. Bei schwacher Hitze mehrmals durchrühren, bis alles ganz erkaltet ist.

Möglichst luftdicht in Gläser einstreichen, verschließen und kühl lagern.

Zervelatwurst

....
2,5 kg gut abgehangenes Rindfleisch
....
400 g Rückenspeck ohne Schwarte
....
90 g Pökelsalz
....
6 g Zucker
....
10 g geschroteter weißer Pfeffer
....

Rindfleisch und Speck in große Würfel schneiden und im Fleischwolf fein faschieren. Die Gewürze dazugeben und alles gut miteinander verkneten. Mittels eines Füllaufsatzes die Wurstmasse in Därme stopfen (siehe Grundrezept Seite 116).

Die Würste in einem zugfreien, trockenen und kühlen Raum 2 Wochen reifen lassen.

Anschließend mit genügend Abstand kalt räuchern, bis sie die gewünschte kräftige rote Farbe erhalten haben. Dann noch einige Zeit in einem kühlen, dunklen und trockenen Raum reifen lassen.

Pökeln und Räuchern von Fleisch und Fisch

Fleisch hat einen sehr hohen Eiweißgehalt und enthält auch verhältnismäßig viel Wasser, wodurch es leicht verderblich wird. Früher war es ein durchaus gebräuchliches Verfahren, die Haltbarkeit von Fleisch und Fisch durch Pökeln und anschließendes Räuchern (Selchen) zu verlängern. Gerade im ländlichen Raum waren Räucherkammern und Räucherkamine in zahlreichen Häusern zu finden. Räuchern ist eine der ältesten Konservierungsmethoden, wobei durch den Rauch Bakterien getötet werden und Schimmelbefall verhindert wird.

Heutzutage ist nahezu jeder Haushalt mit einem Kühlschrank beziehungsweise einem Gefrierschrank ausgestattet, wodurch gerade Fleisch und Fisch über einige Zeit gelagert werden können. Es ist daher nicht mehr nötig, aus Gründen der Haltbarkeit zu pökeln und zu räuchern.

Noch dazu liefert uns die Nahrungsmittelindustrie geradezu jede beliebige Räucherware, so dass das Räuchern im eigenen Haus längst schon fast in Vergessenheit geraten ist.

Und doch gibt es sie, die Genießer und Feinschmecker, die erkennen, dass es sich bei den im Handel erhältlichen geräucherten Waren doch nur um Massenware mit Zusatzstoffen und Geschmacksverstärkern handelt, bei der man den „besonderen" Geschmack vermisst. Die Einzigartigkeit des Geschmacks und die Freude am Selbstgemachten lässt viele Hobbyköche wieder zu Hause pökeln und räuchern. Wer es einmal ausprobiert hat, erkennt den Unterschied und wird viel Lob und Anerkennung von denen ernten, die in den Genuss der delikaten Räucherwaren kommen.

Pökeln und Einsalzen

Salz ist in der Lage, Wasser zu binden und somit das Wachstum von Mikroorganismen und Bakterien zu verhindern. Das Salz schützt vor dem Verderben, es beeinträchtigt aber auch den Geschmack des Fleisches.

Grundsätzlich gilt, je weniger Würze verwendet wird, desto eher behält das Fleisch seinen Eigengeschmack.

Von Einsalzen spricht man dann, wenn das Fleisch, das geräuchert werden soll, nur mit Salz behandelt wird. Das geschieht zum Beispiel mit fettem Speck, bei dem keine Umrötung nötig ist.

Als „Pökeln" bezeichnet man das Haltbarmachen von Fleisch mittels Salz und Salpeter oder mittels eines Pökelsalzes (Salz und Nitrit). Durch den Zusatz von Salpeter oder Nitrit erhält das Fleisch eine kräftige, rote Farbe. Die Dauer des Pökelns richtet sich nach der Größe der Fleischstücke und reicht von 2–6 Wochen. Beim Heißpökeln ist die Zeit kürzer.

Fleisch, das gepökelt werden soll, muss vollkommen ausgekühlt sein. Es wird in möglichst gleich große Stücke mit glatten Schnittflächen geteilt, Knochen sollten ausgelöst werden.

Praxistipps

Arbeitsgeräte

- Gefäß aus lebensmittelechtem Kunststoff oder Porzellan, das groß genug ist, damit das Pökelgut ausreichend Platz hat.
- Gefäß zum Nasspökeln, ebenfalls aus lebensmittelechtem Kunststoff oder Porzellan, mit einem dazupassenden Deckel.
- Scharfes Messer.

Zutaten

Neben Salz und Salpeter oder wahlweise Pökelsalz können noch verschiedene Gewürze beigegeben werden. Bei der Verwendung von Gewürzen ist zu beachten, dass man den Eigengeschmack des Fleisches nicht durch zuviel Würze übertönt.

Gerne verwendet werden:
- Kümmel
- Wacholder
- Knoblauch
- Koriander
- Majoran
- Thymian
- Lorbeerblatt
- Salbei
- Zwiebel

Häufig wird auch Zucker zum Pökeln verwendet, um den Salzgeschmack etwas abzuschwächen.

Arten des Pökelns

Trockenpökeln

Diese Methode wird zum Beispiel für Rohschinken angewendet.

- Die gut ausgekühlten Fleischstücke mit einer Mischung aus Salz, Salpeter und den Gewürzen gut und sorgfältig einreiben.
- Die einzelnen Fleischstücke dicht in die Pökelwanne schichten.
- Mehrmals umschichten und die sich bildende Lake immer wieder über das Fleisch gießen.

Nasspökeln

Diese Art des Pökelns kann bei Schinken, Speck und bei Fleisch, das zum Kochen bestimmt ist, angewendet werden.

- Einen Teil des Salzes mit Pfeffer und Salpeter mischen und die Fleischstücke damit einreiben.
- In das Pökelgefäß eine Schicht Salz streuen, dann die Fleischstücke so dicht wie möglich einschichten.
- Wasser mit dem übrigen Salz und Zucker aufkochen, erkalten lassen und über das Pökelgut gießen. Das Fleisch muss immer zur Gänze bedeckt sein.
- Gefäß verschließen.

Schnellpökeln

Dieses Verfahren eignet sich vor allem für die heiße Jahreszeit und wird mit fertigen, im Handel erhältlichen Pökelsalzen durchgeführt.

Räuchern (Selchen)

Räuchern ist eine der ältesten Konservierungsmethoden, denn Rauch tötet die Bakterien und hemmt den Schimmelbefall. Räuchern alleine macht allerdings nicht voll haltbar, dazu muss das Räuchergut zuvor gepökelt werden. Wird Fleisch geräuchert, so kann es durch das Trocknen bis zu 28% seines Gewichts verlieren.

Vor dem Räuchern muss das gepökelte Fleisch noch einige Tage an einem kühlen und trockenen Ort ruhen, damit das Fleisch zart und mürbe und das Aroma verstärkt wird. Die Raumtemperatur sollte um die 8 °C und die Luftfeuchtigkeit bei 60–80% liegen.

Das Fleisch muss vor dem Räuchern vollkommen abgetrocknet werden.

Praxistipps

Arbeitsgeräte

- Räuchergerät, Räucherkammer oder Räucherkamin. Räuchergeräte werden im Handel in verschiedenen Größen angeboten, also sollten Sie vor der Anschaffung eines Räuchergerätes unbedingt Ihren Bedarf abwägen. Wer handwerklich einigermaßen begabt ist, kann sich eine Räucheranlage selbst bauen. Zu beachten dabei ist nur, dass die dazu verwendeten Materialien frei von Fremdstoffen und Chemikalien sind.
- Holz.
- Diverse Gewürze.
- Fleischerhaken.

Das Räucherverfahren

Durch das Räuchern wird dem Fleisch Wasser entzogen, wodurch Bakterien und Keime keine Lebensgrundlage mehr haben. Das Räuchergut wird in den Rauch eines Holzfeuers gehängt und wird dabei allmählich von einer feinen Schicht überzogen. Diese Schicht erfüllt auch den Zweck, dass sie das Wachstum von Keimen und Bakterien verhindert.

Je länger das Räuchergut geräuchert wird, desto besser wird es von den Bestandteilen des Rauches durchzogen und desto haltbarer wird es auch.

Holzmaterial

Zum Räuchern verwendet man nur getrocknetes, abgelagertes Hartholz wie Birke, Eiche, Erle oder Buche. Weichhölzer ergeben einen harzigen Geschmack und enthalten gesundheitsschädigende Stoffe, die Krebs erregen.

Das Holz darf nicht rasch verbrennen, sondern muss langsam und gleichmäßig verglühen, denn nur dadurch entwickelt sich der Rauch, der dem Geräucherten den typischen Geschmack verleiht.

Wichtig ist, dass Fett, das aus dem Räuchergut tropft, nicht auf die Glut gelangt, denn durch verbrennendes Fett werden Stoffe freigesetzt, die die Gesundheit gefährden. Um das zu vermeiden, ist es empfehlenswert, die Räucherkammer und die Feuerstelle räumlich voneinander zu trennen.

Arten des Räucherns

Kalträuchern

Diese Methode wird vorzugsweise bei Speck, Schinken und Rohwürsten angewendet.

Das Kalträuchern erfolgt bei einer Temperatur von 15–20 °C, die durch das Verglühen von Sägemehl erreicht wird. Die Dauer des Kalträucherns reicht von einigen Tagen bis zu einigen Monaten.

Warmräuchern

Für diesen Vorgang ist eine Temperatur von 20–50 °C erforderlich. Beim Warmräuchern wird das Fleisch nicht nur geräuchert, sondern auch gegart und sollte rasch verzehrt werden.

Heißräuchern

Hierfür ist eine Temperatur von über 50 °C nötig. Dieses Verfahren wird bei Bratwürsten und Fisch angewendet.

Bauerngeselchtes

1 kg Schweinefleisch (durchzogen)

60 g Pökelsalz

3 g Zucker

Knoblauch

Koriander

Kümmel

Paprika

Das Fleisch in gleich große Stücke mit glatten Schnittflächen teilen. Das Salz mit dem Zucker, dem fein gehackten Knoblauch und den Gewürzen gut vermischen und die Fleischstücke gleichmäßig damit einreiben.

Die Fleischstücke dicht in ein Gefäß schichten, gut beschweren und an einem kühlen Ort 10 Tage stehen lassen.

Das Räuchergut gut abtrocknen und anschließend ca. 3 Stunden bei 135 °C heiß räuchern.

Geräucherte Forellenfilets

Forellenfilets

Pfefferkörner

Korianderkörner

Pimentkörner

grobes Meersalz

etwas Zucker

frische Dille

frischer Thymian

frischer Rosmarin

frischer Salbei

Die Gewürze zerstoßen, die Kräuter fein hacken und alles mit dem Salz und dem Zucker vermischen.

Die Fleischseiten der Fischfilets mit der Salz-Zucker-Gewürzmischung bestreuen und einreiben. Den Boden eines Gefäßes mit einer Schicht Gewürzmischung bedecken, darauf jeweils zwei mit der Fleischseite zusammengelegte Filets nebeneinander legen und wieder mit der Gewürzmischung bestreuen. Die Fische werden ca. 1 Stunde gepökelt, anschließend abtropfen lassen und auf einem Edelstahlrost liegend oder an Haken hängend räuchern (heiß räuchern bei 150 °C ca. 20 Minuten lang, kalt räuchern bei 15 °C 18–24 Stunden lang).

Rinderschinken

1 kg Rindfleisch (Keule)

50 g Salz

10 g Zucker

2 g Salpeter

Pfefferkörner

Kümmel

Wacholderbeeren

Gewürze nach Geschmack

Salz, Zucker, Salpeter und Gewürze vermischen und das Fleisch gleichmäßig damit einreiben. Anschließend in ein Gefäß geben und 3 Wochen pökeln, dabei das Fleischstück auf einen Rost legen, damit es nicht in der Lake liegt. Vor dem Räuchern den Schinken 10 Stunden lang in Wasser einweichen und dann trocknen. Ca. 3 Wochen lang kalt räuchern.

Ziegenschinken

Ziegenfleisch

pro kg Fleisch 60 g Pökelsalz und 3 g Zucker

Das Fleisch sollte höchstens 3 Tage abgehangen sein. Pökelsalz und Zucker vermischen und das Fleisch in gleich große Stücke schneiden, anschließend mit der Salz-Zucker-Mischung gut einreiben.

Das Fleisch dicht in ein Gefäß einschichten. 3 Wochen pökeln, dabei das Fleisch mehrmals umschichten und die Lake wieder über das Fleisch gießen.

Das fertig gepökelte Fleisch 12 Stunden in kaltem Wasser einweichen und dann gut abtrocknen. Je nach Geschmack 2–3 Wochen lang jeden 2. Tag kalt räuchern.

Man kann natürlich auch Schweine-, Rind- und Schafschinken auf diese Weise herstellen.

Fische einlegen und beizen

Jahrhundertelang war eingesalzener Fisch, vor allem Salzhering, in Europa ein Grundnahrungsmittel, und auch heute noch ist er als Quelle für Eiweiß und Vitamin A, B und D sehr wertvoll für unsere Ernährung.

Zwar war der Pökelhering, so wie er aus dem Fass kam, kaum zu genießen, doch kreative Köchinnen ließen sich allerhand Zubereitungsarten einfallen. Mittlerweile ist Hering wieder zur raren Delikatesse geworden, da durch Überfischung die Heringbestände stark zurückgegangen sind.

Natürlich wird Hering im Lebensmittelhandel in allen möglichen Varianten angeboten, doch hier ist wieder einmal zu beachten, dass diese Produkte nicht frei von Konservierungsstoffen sind.

Ob nun in Essigsud eingelegter Hering oder gebeizter Lachs, wer einmal diese Köstlichkeiten selbst gemacht hat, schmeckt den Unterschied zu den gekauften Produkten besonders deutlich.

Eingelegter Fisch

Arbeitsgeräte

- Gefäß zum Einlegen der Fische mit passendem Deckel
- Scharfes Messer
- Eventuell Pinzette für die Gräten

Zutaten

- Gewürze, wie Pfefferkörner, Wacholderbeeren, Gewürznelken, Lorbeerblätter und Senfkörner.
- Zucker sorgt für eine pikante Note und dient ebenfalls der Konservierung.
- Guter Weinessig.
- Eventuell Salz, doch mit Vorsicht, denn Salzheringe enthalten auch nach dem Wässern sehr viel davon.

Ausführung

- Salzheringe in Wasser einlegen, gut abspülen und schuppen, die Flossen abschneiden und den Kopf vom Rumpf trennen.
- Den Bauch aufschneiden und die Eingeweide entfernen, den Rücken entlang aufschneiden und den Fisch auseinander klappen.
- Die Gräten herausziehen und die Filets in kalter Milch einlegen. Dadurch wird den Heringen Salz entzogen und ihr Geschmack verbessert.
- Sud aufkochen und Salzheringe in passendem Gefäß mit ausgekühltem Sud übergießen, Gewürze beigeben und im Kühlschrank einige Tage ziehen lassen.

Gebeizter Fisch

Arbeitsgeräte

- Scharfe Messer
- Pinzette zum Entfernen der Gräten
- Frischhaltefolie
- Gewichte

Zutaten

- Gewürze, wie Pfeffer, Koriander und Piment
- Zucker
- Kräuter, wie Dille, Thymian, Estragon und Salbei
- Salz

Ausführung

- Fischfilets gründlich unter fließendem Wasser abspülen, trockentupfen und restliche Gräten entfernen.
- Frische Kräuter hacken und einen Teller damit bestreuen, ein Filet darauflegen und mit gehackten Kräutern, dem Salz und den zerstoßenen Gewürzen bedecken.
- Weiteres Filet darauflegen und mit den restlichen gehackten Kräutern bedecken.
- Mit Frischhaltefolie abdecken, Schneidbrett darübergeben und mit Gewichten beschweren.
- Ca. 3 Tage in den Kühlschrank stellen und alle 10 Stunden den Fisch mit dem eigenen Saft beträufeln.

Eingelegter Rahmhering

6 Salzheringe

2–3 Zwiebeln

2 Lorbeerblätter, 8 Pfefferkörner

1/2 TL Salz, 1 EL Senfkörner

250 ml Essig

125 ml abgekochtes kaltes Wasser

5 EL Sauerrahm

Die Salzheringe 12 Stunden wässern, dann gründlich waschen, bis sich die Schuppen lösen. Köpfe, Kiemen, Eingeweide und die innere schwarze Haut entfernen und längs halbieren. Nochmals gut waschen. Die Heringe mit den in Ringe geschnittenen Zwiebeln und den Gewürzen in einen Steintopf schichten. Das Wasser abkochen, erkalten lassen, mit dem Essig und dem Sauerrahm verrühren und über die Heringe gießen. Zugedeckt 3 Tage kühl stellen und durchziehen lassen. Mit Apfelstückchen vor dem Servieren verfeinern.

Gebeizte Lachsfilets

Lachsfilets

Pfefferkörner

Korianderkörner

Pimentkörner

grobes Meersalz

etwas Zucker

Dille

Salz mit Zucker und den zerstoßenen Gewürzen gut vermischen. Die Fleischseiten der Fischfilets mit der Salz-Zucker-Gewürzmischung bestreuen und einreiben. In einem flachen, mit der Gewürzmischung und der gehackten Dille ausgestreuten Gefäß jeweils zwei mit der Fleischseite zusammengelegte Filets nebeneinander legen, wieder mit Gewürzmischung und Dille bestreuen, mit Klarsichtfolie abdecken und mit einem Holzbrett und Gewichten beschweren. 24 Stunden kühl stellen, zwischdurch alles einmal umdrehen und die Filets mit dem entstandenen Saft beträufeln. Die Gewürze abreiben, das Fleisch in feine Scheiben schneiden und servieren.

Rollmöpse

6 Salzheringe

1 EL Senf

2 kleine Gewürzgurken

2 Zwiebeln

1 EL Kapern

8 Pfefferkörner

2 Lorbeerblätter

250 ml Essig

125 ml Wasser

Die Gewürzgurken klein schneiden und die Zwiebeln in Ringe schneiden.

Die Salzheringe, wie oben beschrieben, vorbereiten, längs halbieren und die Hälften mit den Gurkenstückchen, Zwiebelringen und Kapern belegen. Vorsichtig aufrollen und mit Hölzchen zusammenstecken. Das Wasser aufkochen, abkühlen lassen und mit dem Essig vermischen. Die Rollmöpse in einen Steintopf schichten, mit Pfeffer und Lorbeerblättern bestreuen und mit dem Essigwasser übergießen.

Zugedeckt an einem kühlem Ort 5 Tage durchziehen lassen.

Schwedische Heringe

1 kg Salzheringe

250 ml Weißweinessig

250 ml Wasser

150 g Zucker

18 Pimentkörner

einige Lorbeerblätter

2 TL Senfkörner

4 rote oder weiße Zwiebeln

3 Karotten

1 kleine Ingwerwurzel

1 Stück frischer Kren

Die Zwiebeln in Ringe, die Karotten in feine Scheiben, den Ingwer und den Kren in kleine Stückchen schneiden.

Die Heringe, wie oben beschrieben, vorbereiten, trockentupfen, in 2 cm große Stücke schneiden und mit den Zwiebelringen, den Karotten, dem Ingwer und Kren in ein Glas schichten. Aus den restlichen Zutaten einen Sud kochen und nach dem Abkühlen das Glas damit auffüllen.

Das verschlossene Glas 3 Tage kühl lagern.

Mit Bratkartoffeln oder Brot servieren, die Heringe nach Belieben mit sauren Gurken verfeinern.

Brot und Gebäck

Brot ist ein wesentlicher Bestandteil unserer Ernährung und zählt zu den wichtigsten Grundnahrungsmitteln. In den Mittelmeerländern ist es nach wie vor so, dass Brot zu jeder Mahlzeit gereicht wird, in unseren Breiten wird Brot vielfach durch andere Nahrungsmittel wie Reis, Nudeln oder Kartoffeln ersetzt.

Für die Generation unserer Großeltern war das Brotbacken zu Hause noch eine Selbstverständlichkeit, in unserer Zeit wählt man aus dem umfangreichen Angebot an Brot und Gebäck im Lebensmittelgeschäft aus. So reichhaltig und einfallsreich die angebotenen Backwaren auch sind, so enthalten sie auf der anderen Seite viele Zusatzstoffe, wie Quellstoffe, Säuerungsmittel, Aromastoffe und mehr. Aus diesem Grund machen sich wieder viele Hausfrauen und Hobbyköche die Mühe, Brot und Gebäck in überschaubaren Mengen selber zu backen. Nur dann weiß man auch wirklich, was man isst, und man schmeckt es vor allem auch. Denn eines steht fest, je natürlicher und unverfälschter die Zutaten sind, desto natürlicher ist auch das Endprodukt.

Brotbacken ist nicht schwierig, wenn Sie erst einmal die ersten Versuche hinter sich haben, werden Sie merken, dass Sie immer mehr Routine bekommen.

Es gibt zahlreiche Getreidesorten, die sich zum Brotbacken eignen, zusätzlich jede Menge Gewürze und Zutaten, die das Experimentieren in der eigenen Brotbackstube leicht machen.

Arbeitsgeräte

Fast alles, was man zum Brotbacken an Geräten benötigt, ist in einer normal ausgestatteten Küche ohnehin zu finden.

- Küchenwaage für das genaue Abwiegen der Zutaten.
- Messbecher.
- Handmixer oder Küchenmaschine.
- Großes Backbrett zum Mischen, Kneten und Formen des Teiges (dazu kann auch die Tischplatte verwendet werden).
- Rührschüssel.
- Kochlöffel.
- Backblech.
- Wenn Sie tatsächlich regelmäßig und häufig Brot backen, dann ist die Anschaffung einer Getreidemühle empfehlenswert.

Die wichtigsten Getreidesorten

Weizen steht weltweit an erster Stelle des Getreidekonsums. Er hat den höchsten Anteil an Klebereiweiß und somit auch die besten Backeigenschaften. Man unterscheidet Hartweizen, der sich besonders für die Herstellung von Teigwaren eignet, und Weichweizen, der für die Zubereitung von Brotwaren verwendet wird.

Roggen steht an zweiter Stelle der für die Brotherstellung verwendeten Getreidesorten. Er besitzt einen hohen Anteil an Ballaststoffen und weist eine relativ dunkle Färbung auf. Roggen besitzt kaum Kleberanteile, bildet daher bei der Teigherstellung leicht Klumpen und sollte aus diesem Grund vor der Verarbeitung mit warmem Wasser behandelt werden.

Dinkel ist mit dem Weizen verwandt und zeichnet sich durch einen hohen Klebereiweißanteil aus. Er ist leicht verdaulich und wird sehr gerne zum Brotbacken verwendet. Brote, die mit Dinkelmehl hergestellt werden, halten sich sehr lange frisch.

Leinsamen besitzt einen hohen Anteil an ungesättigten Fettsäuren, wird ungemahlen verarbeitet und reichert das Brot mit für die Verdauung so wertvollen Ballaststoffen an.

Mais wird zum Brotbacken mit anderen Mehlen vermischt verwendet. Mais enthält Karotin.

Sesam hat einen leicht nussigen Geschmack und ist ölhaltig. Sesam wird entweder in den Teig eingearbeitet oder das Brot wird damit bestreut. Um den Geschmack zu intensivieren, kann man die Sesamsamen vorher in einer trockenen Pfanne rösten.

Mehltypen

Die Mehlsorten, die im Handel erhältlich sind, werden in verschiedenen Ausmahlungsgraden (Typen) angeboten. Entscheidend ist, ob das ganze Getreidekorn oder nur ein Teil davon gemahlen wird. Je mehr Ballaststoffe, Vitamine und mineralstoffhaltige Randschichten im Mehl enthalten sind, umso höher ist der Ausmahlungsgrad. Je niedriger die Typenzahl ist, umso weniger wichtige Nähr- und Ballaststoffe sind enthalten, und umso wertloser ist dieses Mehl auch für unsere Ernährung.

Zutaten

- Gewürze, wie Anis, Fenchel, Koriander und Kümmel.
- Salz (Tafelsalz oder Vollmeersalz).
- Wasser oder Milch, damit die Stärke im Mehl quellen kann.
- Hefe, damit der Teig locker wird und an Volumen gewinnt. Hefe wird frisch in Würfeln gepresst oder in Form von Trockenhefe angeboten. Hefe benötigt Wärme, Zucker, Stärke und Feuchtigkeit zum Gären.
- Mehl oder Schrot.

Hefe als Teiglockerungsmittel

Hefe wird in erster Linie für Weizen- und Weizenmischbrot verwendet. Erhältlich ist sie im Handel in gepresster Würfelform, die kühl gelagert werden muss und nur begrenzt lange haltbar ist. Weiters wird Trockenhefe in kleinen Briefchen angeboten, die besonders einfach zu handhaben und monatelang haltbar ist. Hefe muss immer mit lauwarmem Wasser oder Milch verrührt werden. Ideale Temperatur für Hefe sind 25–30 °C. Anschließend gibt man dieses „Dampfl" in eine Schüssel mit Mehl, Milch und Zucker. An einem warmen Ort gehen lassen und die restlichen Zutaten in den Teig einarbeiten. Werden Fett und Salz unmittelbar mit Hefe in Verbindung gebracht, so töten sie die Hefepilze ab. Durch Hefe findet im Teig eine alkoholische Gärung statt, bei der Zucker in Alkohol und Kohlensäuregas gespalten wird und dadurch der Teig gelockert wird. Gründliches Kneten unterstützt zusätzlich noch diesen Vorgang.

Sauerteig als Teiglockerungsmittel

Unter Sauerteig versteht man einen Rest des Teiges vom letzten Brotbacken. Dieser Teig enthält Milchsäurebakterien und Hefepilze. Wird dieser Sauerteig mit dem neuen Brotteig vermengt, so erhält dieser seinen feinsäuerlichen Geschmack und wird durch die Gase gelockert.

Sauerteig ist auch in Reformhäusern erhältlich und ist sehr lange haltbar, wenn er an einem kühlen und dunklen Ort aufbewahrt wird.

Es gibt auch noch eine Mischform aus beiden Teigen, die daraus gebackenen Brote schmecken milder als Sauerteigbrot und sind lockerer als dieses. Für alle unterschiedlichen Teigsorten gilt, sich genau nach dem Rezept zu halten, alle Zutaten bei Raumtemperatur zu verarbeiten und dabei zügig vorzugehen.

Apfelbrot

- 750 g Äpfel
- 250 g Weizenmehl
- 250 g Weizenschrot
- 1 EL Backpulver
- Zimt
- Nelkenpulver
- etwas Salz
- 100 g Zucker
- 150 g Zitronat
- 150 g Rosinen
- 150 g Walnüsse

Die Äpfel grob reiben, Zitronat und Walnüsse hacken und alles mit den restlichen Zutaten gut vermengen. Aus der Masse zwei Wecken formen, auf ein mit Backpapier belegtes Backblech geben und bei 180 °C ca. 1 Stunde backen.

Bananenbrot

- 250 g Weizen- oder Dinkelmehl
- 1 TL Backpulver
- 120 g Zucker
- 75 g Butter
- 2 Eier
- 2 Bananen
- etwas Zitronensaft
- 75 g gehackte Walnüsse
- 1/2 TL Salz
- 2 EL Sauerrahm

Zucker und Butter schaumig rühren, Eier, Zitronensaft, Sauerrahm und zerdrückte Bananen dazugeben. Alles gut vermengen und die restlichen Zutaten einrühren. Den Teig in eine gut gefettete, mit Semmelbröseln ausgestreute Kastenform füllen und bei 150–175 °C ca. 45–60 Minuten backen.

Bauernbrot

500 g Roggenmehl

1,5 kg Weizenmehl

500 g Kartoffeln

2 EL Salz

40 g Hefe

125 ml Buttermilch oder etwas Sauerteig

ca. 1250 ml Wasser

nach Belieben etwas Kümmel oder Sonnenblumenkerne

Das Roggenmehl über Nacht mit der Buttermilch oder mit etwas Sauerteig und etwas Wasser zu einem Brei anrühren. Am nächsten Morgen die Kartoffeln kochen und durch die Presse drücken, dann das Weizenmehl mit dem Salz und den Kartoffeln in eine große Schüssel geben, eine Mulde hineindrücken, die Hefe darin mit etwas Wasser anrühren und aufgehen lassen. Nun den Roggenmehlbrei dazugeben, die Sonnenblumenkerne einstreuen und nach und nach das Ganze mit soviel Wasser verarbeiten, so dass ein Teig entsteht, der schwer vom Kochlöffel reißt. Mit etwas Mehl bestreuen und mit einem Tuch abdecken, solange gehen lassen, bis sich der Teig verdoppelt hat. Noch einmal tüchtig durcharbeiten und aufgehen lassen.

Mit nassen Händen den Teig zu Laiben formen und auf ein gefettetes Blech setzen. Noch etwas aufgehen lassen oder gleich in den gut vorgeheizten Ofen schieben und bei 220 °C ca. 45–60 Minuten backen. Die schön braunen Laibe gleich mit kaltem Wasser bestreichen und auf Gitterrosten auskühlen lassen.

Buttermilchweckerln

1 kg Weizenvollmehl

1 EL Leinsamen

60 g Hefe

Kümmel

Fenchel

Anis

2 TL Salz

1/2 l Buttermilch

Hefe mit etwas Milch verrühren. Mehl in eine Rührschüssel geben und in die Mitte eine Mulde hineindrücken. In diese das Hefe-Milch-Gemisch gießen und mit etwas Mehl verrühren. Kurz gehen lassen und anschließend die restlichen Zutaten unterrühren. Den Teig ca. 1 Stunde gehen lassen. Weckerln formen, auf ein befettetes Backblech setzen und nochmals gehen lassen. Anschließend mit Wasser bepinseln und mit Kümmel, Fenchel oder Leinsamen bestreuen. Bei 200 °C ca. 25 Minuten backen.

Kastenweißbrot

500 g Weizen- oder Dinkelmehl

20 g Hefe

500 g Kartoffeln

2 TL Salz

2 Eier

2 EL Butter

etwas Wasser

Die Kartoffeln kochen und durch die Presse drücken. Das Mehl in eine große Schüssel geben, in der Mitte eine Vertiefung machen und darin die Hefe mit etwas Wasser anrühren. 15 Minuten gehen lassen, dann die restlichen Zutaten nach und nach dazugeben und alles tüchtig durcharbeiten, mit Kochlöffel, Rührhaken oder von Hand.

An einem warmen Ort gehen lassen, bis sich der Teig verdoppelt hat, dann nochmals durchschlagen und wieder aufgehen lassen.

2 oder 3 Laibe formen, in gefettete Kastenformen legen, noch etwas gehen lassen und bei 220 °C ca. 45 Minuten backen, bis das Brot eine schön mittelbraune Farbe angenommen hat.

Laugenweckerln

800 g Weizenmehl

40 g frische Hefe

ca. 5oo ml Wasser

2 TL Salz

1/4 l Natronlauge (6 %) aus der Apotheke

Den Arbeitstisch mit Zeitungspapier abdecken, da die Lauge schlimme Flecken verursacht.

Das Backblech (Schwarzblech) gut ölen oder Emailblech mit Backpapier auslegen.

Das Mehl in eine große Schüssel geben, Salz dazumischen, in der Mitte eine tiefe Mulde machen und darin die zerbröckelte Hefe mit etwas lauwarmem Wasser und Mehl anrühren (Dampfl). Nach etwa 1/2 Stunde das restliche Wasser nach und nach dazugeben und alles mit dem Kochlöffel oder Knethaken tüchtig durcharbeiten. Es soll ein nicht zu fester, aber auch nicht zu nasser Teig entstehen. Mit etwas Mehl bestreuen, mit einem Tuch abdecken und an einem warmen Ort gehen lassen, bis sich die Teigmenge verdoppelt hat, dann alles noch einmal durcharbeiten und noch einmal um die Hälfte aufgehen lassen. Den Teig zu zwei Rollen formen und mit einem scharfen Messer Stücke in gewünschter Größe abtrennen. Diese zu Weckerln formen.

Die Lauge in eine kleine Schüssel gießen und nun die Weckerln mit einer Seite in die Lauge tunken und dann so aufs Blech setzen, dass die genetzte Seite nach oben kommt. Bei 220° ca. 30 Minuten backen.

Nach Belieben können die Weckerln noch mit grobem Salz, Sesam oder Mohn bestreut werden.

Müsliweckerln

....

200 g Dinkelvollmehl

....

150 g Weizenmehl

....

150 g Haferflocken

....

100 g Haselnüsse

....

20 g Hefe

....

50 g Rosinen

....

1 Prise Salz

....

2 EL Öl

....

1/2 l Milch

....

Dinkelvollmehl und Haferflocken mit einem
Teil der Milch vermischen und ca. 1 Stunde
quellen lassen. Hefe in restlicher lauwarmer
Milch auflösen und mit den übrigen Zutaten
und der Quellmasse vermischen. Den Teig
gut schlagen und dann zugedeckt an einem
warmen Ort gehen lassen, bis er die doppel-
te Menge erreicht hat.

Kleine Weckerln formen, auf ein Backblech
setzen und nochmals gehen lassen. Die
Weckerln mit einer Gabel einstechen,
mit Wasser bepinseln und bei 200 °C
ca. 25 Minuten backen.

Salzstangerln

....

500 g Mehl

....

20 g Hefe

....

1 Prise Zucker

....

1/2 Tasse Milch

....

50 g Öl

....

etwas Salz

....

warmes Wasser

....

Ei zum Bestreichen

....

grobkörniges Salz

....

Aus Hefe, Zucker und lauwarmer Milch ein
Dampfl bereiten und an einem warmen Ort
kurz stehen lassen.

Das Mehl in eine Rührschüssel geben, das
Dampfl und die restlichen Zutaten einrühren
und zu einem glatten Teig verarbeiten.
Zugedeckt an einem warmen Ort gehen lassen. Anschließend den Teig ausrollen,
Quadrate mit 20 cm Seitenlänge ausschneiden und zu Salzstangerln rollen. Auf ein
Backblech legen und nochmals gehen lassen,
dann mit Ei bestreichen und mit Salz
bestreuen. Bei 200 °C ca. 15 Minuten
backen.

Sesam-Knäckebrot

250 g Weizen- oder
Dinkelvollkornmehl

40 g ungeschälte Sesamsamen

1 TL Kräutersalz

150 g Sauerrahm

Alle Zutaten zu einem elastischen Teig kneten, abschmecken und zugedeckt über Nacht bei Zimmertemperatur ruhen lassen. Teig dünn ausrollen, in Rechtecke schneiden und auf ein mit Backpapier belegtes Blech geben. Mit einer Gabel mehrfach einstechen und im vorgeheizten Backofen (untere Schiene) goldgelb backen. Auskühlen lassen und gut verschlossen aufbewahren.

Man kann den Teig auch mit Paprika, Kümmel oder Mohn würzen und kleinere Rechtecke ausschneiden. Auf diese Art und Weise erhält man köstliches Knabbergebäck.

Vollkornbrot

500 g Roggenschrot

200 g ganze Weizenkörner

500 g Weizenschrot

7 EL Sonnenblumenkerne

5 EL Leinsamen

1 l Wasser

3 EL Sauerteig

250 g feines Roggenmehl

750 g feines Weizenmehl

2 EL Salz

1 EL Honig

nach Belieben etwas Kümmel

Roggenschrot, Weizenkörner, Weizenschrot, Sonnenblumenkerne, Leinsamen, Wasser und Sauerteig in einer großen Schüssel verrühren und über Nacht stehen lassen.

Am nächsten Morgen die restlichen Zutaten dazugeben und gründlich durcharbeiten.

Mehrere Stunden gehen lassen, bis sich die Teigmenge verdoppelt hat, dann noch einmal durcharbeiten und nochmals um die Hälfte aufgehen lassen. Den Teig wieder zusammenschlagen und dann in gut gefettete, mit ungeschältem Sesam oder mit Sonnenblumenkernen ausgestreute Kastenformen füllen. Die Kastenformen sollten nur bis zur Hälfte gefüllt sein. In den Formen noch etwas gehen lassen und dann im vorgeheizten Ofen bei 220 °C ca. 1 Stunde backen.

Weißbrotlaibchen mit Dinkel

800 g Weizen- oder Dinkelmehl
1 Tasse Weizen- oder Dinkelschrot
40 g frische Hefe
ca. 5oo ml Wasser
2 TL Salz

Das Mehl in eine große Schüssel geben, Salz und Schrot untermischen, in der Mitte eine tiefe Mulde machen und darin die zerbröckelte Hefe mit etwas lauwarmem Wasser und Mehl anrühren (Dampfl). Nach 1/2 Stunde etwa das restliche Wasser nach und nach dazugeben und alles mit dem Kochlöffel oder Knethaken tüchtig durcharbeiten. Es soll ein nicht zu fester, aber auch nicht zu nasser Teig entstehen. Mit etwas Mehl bestreuen, mit einem Tuch abdecken und an einem warmen Ort gehen lassen, bis sich die Teigmenge verdoppelt hat, dann alles noch einmal durcharbeiten und noch einmal um die Hälfte aufgehen lassen. Blech(vorzugsweise Schwarzblech) gut einölen. Den Teig zu zwei Rollen formen, mit einem scharfen Messer Stücke in gewünschter Größe abtrennen, kleine Laibchen formen und auf das Backblech setzen.

Nach Belieben in der Mitte kreuzweise einschneiden, noch etwas gehen lassen, dann im gut vorgeheizten Ofen bei 220 °C etwa 45 Minuten backen. Kurz vor Ende der Backzeit die Laibchen mit Wasser bestreichen, dadurch erhalten sie eine schön glänzende Oberfläche.

Zwiebelbrot

500 g Weizenmehl
40 g Hefe
1 TL Salz
1 TL Zucker
350 ml Wasser
300 g Zwiebeln
100 g Butter

Das Mehl in eine Schüssel geben und eine Mulde hineindrücken. Die Hefe mit dem Zucker und etwas lauwarmem Wasser glattrühren, in die Mulde gießen, mit etwas Mehl verrühren und ca. 10 Minuten gehen lassen. Anschließend das restliche Wasser und das Salz hinzufügen und alles zu einem kompakten Teig verarbeiten. Die Zwiebeln klein schneiden, in etwas Butter anschwitzen und in den Teig einarbeiten.

Den Teig zugedeckt ca. 1/2 Stunde gehen lassen, dann in eine ausgefettete und bemehlte Kastenform füllen und nochmals 15 Minuten gehen lassen. Im vorgeheizten Backrohr bei 200 °C etwa 1 Stunde backen.

Nudel-spezialitäten

In Italien gehören Nudeln zu den Grundnahrungsmitteln, und es gibt dort mittlerweile über 300 Sorten von Pasta. Speziell im Norden Italiens findet man die größte Vielfalt an Hartweizennudeln, vor allem auch an gefüllten Teigwaren, genannt pasta ripiena. Viele dieser Nudel-spezialitäten finden wir im Kühlregal in den Supermärkten, und sie schmecken auch vorzüglich. Wer jedoch einmal selbst gemachte Nudeln gegessen hat, schmeckt den Unterschied und dieser ist gewaltig.

Die Zubereitung von Nudelteig ist nicht schwierig, die einfachste Variante besteht nur aus Mehl und Wasser.

Dieser Teig wird für trockene Teigwaren wie Spagetti verwendet. Für frische Teigwaren mit Ei wird kein Hartweizen, sondern feines Weizenmehl zu Teig verarbeitet, aus dem dann Bandnudeln oder Lasagneblätter, aber auch Ravioli und Tortellini hergestellt werden. Dieser Teig kann auch im Haushalt sehr gut hergestellt werden.

Die Anschaffung einer Nudelmaschine zahlt sich dann aus, wenn man häufiger Nudeln selbst herstellt, denn mit ihr erspart man sich das Aus-rollen des Teiges. Mit Hilfe der Nudelmaschine wird der Teig gleichmäßig ausgerollt und dann in der gewünschten Breite geschnitten.

Frisch zubereitete Nudeln müssen übrigens nicht sofort verzehrt werden, sondern sie lassen sich sehr gut trocknen und einige Zeit aufbewahren. Zum Trocknen werden die Nudeln entweder aufgehängt oder man brei-tet sie auf einem leicht bemehlten Tuch luftig aus.

Der Vielzahl an Nudelformen steht auch eine angemessene Vielzahl an Soßen und Füllen gegenüber, wobei auch hier oft gilt: Weniger ist mehr, zumal viele der köstlichen Nudelgerichte durch ihre Einfachheit bestechen.

Arbeitsgeräte

- Nudelbrett
- Nudelholz
- Eventuell Nudelmaschine
- Rührschüssel
- Handmixer oder Küchenmaschine mit Knethaken
- Teigrad
- Scharfes Messer
- Nudeltopf
- Nudelsieb

Der Nudelteig

Die Herstellung eines Nudelteiges ist verhältnismäßig einfach, es sollten nur ein paar wesentliche Dinge beachtet werden:

- Alle Zutaten müssen Raumtemperatur haben, daher rechtzeitig daran denken, die Eier aus dem Kühlschrank zu nehmen.
- Das Mehl sollte gesiebt und die Eier verquirlt werden.
- Den Teig unbedingt etwa 1 Stunde an einem kühlen Ort rasten lassen, bevor er ausgerollt und weiterverarbeitet wird.
- Die Nudeln sollten vor dem Kochen nicht auf dem bemehlten Nudelbrett liegen, denn das Mehl entzieht dem Teig Feuchtigkeit. Vorteilhafter ist es, die Nudeln auf trockene Küchentücher zu legen.
- Frische Nudeln sollten rasch gegessen werden, sie eignen sich aber auch gut zum Einfrieren.
- Die Nudeln werden in einem großen Topf in kochendes Salzwasser eingelegt, während des Kochens sollte man immer wieder umrühren, damit sie nicht zusammenkleben. Wenn die Nudeln bissfest sind, abgießen und mit der Soße servieren.
- Bei frisch zubereiteten Nudeln kann man ein paar Tropfen Öl ins Wasser geben.

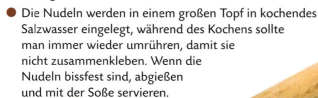

GRUNDREZEPT

300 g glattes Mehl
3 Eier
1 EL Wasser
1/2 TL Salz
1 EL Olivenöl

- Mehl auf das Nudelbrett sieben und in die Mitte eine Mulde drücken.
- Eier, Olivenöl, Salz und Wasser in die Mulde geben und mit einer Gabel verrühren.
- Das Mehl nach und nach einrühren und mit den Händen zu einem Teig kneten. Je nach Bedarf noch etwas Wasser dazugeben.
- Den Teig kräftig durchkneten, bis er glatt und geschmeidig ist, dann zu einer Kugel formen, mit einer Klarsichtfolie bedecken und etwa 1 Stunde an einem kühlen Ort rasten lassen.
- Arbeitsfläche oder Nudelbrett mit Mehl bestreuen und den Teig darauf gleichmäßig dünn rechteckig ausrollen.
- Den Teig mit Mehl bestreuen, locker einrollen und je nach Wunsch breite oder schmale Nudeln schneiden. Diese dann gleich wieder auseinander falten, um ein Zusammenkleben zu vermeiden.
- Für andere Formen, wie beispielsweise Fleckerln, wird der Teig nicht eingerollt, sondern es werden mit dem Teigrad kleine Vierecke ausgeschnitten.

Bandnudeln

300 g glattes Weizenmehl

7 Eidotter

1 Ei

1 EL Öl

1/2 TL Salz

1 EL Wasser

Mehl auf das Nudelbrett sieben und in die Mitte eine Mulde drücken. Eier, Öl, Salz und Wasser in die Mulde geben und mit einer Gabel verrühren. Das Mehl nach und nach einrühren und mit den Händen zu einem Teig kneten. Je nach Bedarf noch etwas Wasser dazugeben.

Den Teig kräftig durchkneten, bis er glatt und geschmeidig ist, dann zu einer Kugel formen, mit einer Klarsichtfolie bedecken und etwa 1 Stunde an einem kühlen Ort rasten lassen.

Arbeitsfläche oder Nudelbrett mit Mehl bestreuen und den Teig darauf gleichmäßig dünn rechteckig ausrollen.

Den Teig mit Mehl bestreuen, locker einrollen und 1 cm breite Nudeln schneiden. Diese dann gleich wieder auseinander falten, um ein Zusammenkleben zu vermeiden.

In einen Topf mit reichlich kochendem Salzwasser einlegen und bissfest kochen.

Werden nicht alle Nudeln gleich gekocht, so kann man sie trocknen, indem man sie in Form von Nestern in kleine Schalen schichtet, auf ein Brett stürzt und dann trocknen lässt.

Zu Bandnudeln passen ganz ausgezeichnet Butter- und Oberssoßen.

Basilikumnudeln

100 g frische Basilikumblätter

1 EL Olivenöl

1 Eiklar

150 g Hartweizengrieß

300 g Mehl

3 Eier

etwas Salz

Basilikumblätter mit dem Eiklar und dem Olivenöl mit dem Mixstab fein pürieren.

Mehl und Hartweizengrieß auf das Nudelbrett geben und in die Mitte eine Mulde drücken. Eier in die Mulde geben und mit einer Gabel verrühren. Das Mehl nach und nach einrühren, Basilikumpaste und das Salz dazugeben und mit den Händen zu einem Teig kneten. Je nach Bedarf noch etwas Wasser dazugeben.

Den Teig kräftig durchkneten, bis er glatt und geschmeidig ist, dann zu einer Kugel formen, mit einer Klarsichtfolie bedecken und etwa 1 Stunde an einem kühlen Ort rasten lassen.

Arbeitsfläche oder Nudelbrett mit Mehl bestreuen und den Teig darauf gleichmäßig dünn rechteckig ausrollen.

Den Teig mit Mehl bestreuen und zu Nudeln in gewünschter Form weiterverarbeiten.

Ravioli mit Topfenfülle

Nudelteig:

2 Eier

150 g glattes Mehl

50 g griffiges Mehl

ein paar Tropfen Öl

etwas Salz

Fülle:

100 g trockener Topfen

60 g gekochte Kartoffeln

Salz

Pfeffer

Minzeblätter

Eier, Öl, Mehl und Salz zu einem festen Nudelteig verarbeiten. In eine Folie einpacken und mindestens 1 Stunde rasten lassen.

Gekochte Kartoffeln reiben und mit dem Topfen vermischen. Mit Salz, Pfeffer und frisch gehackter Minze würzen.

Den Teig ausrollen und in der Hälfte teilen. Auf eine Hälfte in Abständen kleine Häufchen der Topfenfülle setzen. Die zweite Teigplatte darauflegen und zwischen den Füllehäufchen zusammendrücken. Mit einem gewellten Teigrad Ravioli ausschneiden.

Die Ravioli in kochendes Salzwasser einlegen, wenn sie aufsteigen, sind sie fertig.

Diese Ravioli schmecken ausgezeichnet mit zerlassener Butter und viel Schnittlauch.

Spinatgnocchi

300 g glattes Mehl

300 g mehlige Kartoffeln

300 g Blattspinat

75 g Topfen

30 g Kartoffelstärke

1 Ei

Salz

Die Kartoffeln mit der Schale kochen, auskühlen lassen, schälen und durch die Kartoffelpresse drücken.

Den Spinat verlesen, waschen und fein hacken oder pürieren, dann mit den anderen Zutaten vermischen und einen Teig kneten.

Auf einer bemehlten Arbeitsfläche fingerdicke Nudeln formen, diese in 4 cm lange Stücke schneiden, mit einer Gabel ein Muster eindrücken und in kochendes Salzwasser einlegen. Wenn die Spinatgnocchi an die Oberfläche kommen, dann sind sie fertig.

Teigtaschen mit Spinatfülle

Nudelteig:

2 Eier

150 g glattes Mehl

50 g griffiges Mehl

ein paar Tropfen Öl

etwas Salz

Fülle:

200 g Blattspinat

2 Knoblauchzehen

etwas Butter

Salz und Muskatnuss

1 Ei zum Bestreichen

Eier, Mehl, Salz und Öl zu einem festen Nudelteig verarbeiten, in eine Folie einpacken und mindestens 1 Stunde rasten lassen.

Den Blattspinat in etwas Butter anrösten und mit Knoblauch, Salz und Muskatnuss würzen.

Den Nudelteig ausrollen, 10 cm große Kreise ausstechen und die Spinatfülle auf die eine Hälfte des Kreises setzen. Den Rand mit Ei bestreichen und halbmondförmig zusammendrücken.

In kochendes Salzwasser einlegen, wenn sie aufsteigen, sind sie fertig. Abseihen und abtropfen lassen.

Tortelloni mit Schinken-Kartoffelfülle

Nudelteig:

2 Eier

150 g glattes Mehl, 50 g griffiges Mehl

1/2 TL Salz, 1 EL Olivenöl, 1 EL Wasser

Fülle:

200 g gekochte Kartoffeln

100 g Schinken, 60 g Zwiebeln

Salz, Pfeffer, Majoran, Muskatnuss

Butter zum Anrösten

Mehl auf das Nudelbrett sieben und in die Mitte eine Mulde drücken. Eier, Olivenöl und Wasser in die Mulde geben und mit einer Gabel verrühren. Das Mehl und das Salz nach und nach einrühren und mit den Händen zu einem Teig kneten. Je nach Bedarf noch etwas Wasser dazugeben. Den Teig kräftig durchkneten, bis er glatt und geschmeidig ist, dann zu einer Kugel formen, mit einer Klarsichtfolie bedecken und etwa 1 Stunde an einem kühlen Ort rasten lassen.

Für die Fülle Kartoffeln noch warm passieren. Die fein geschnittenen Zwiebeln und den Schinken in etwas Butter anrösten, in die Kartoffelmasse einrühren und würzen. Arbeitsfläche oder Nudelbrett mit Mehl bestreuen und den Teig darauf gleichmäßig dünn rechteckig ausrollen. Kreise mit 10 cm Durchmesser ausstechen und mit der Fülle belegen. Den Rand mit Ei bestreichen und halbmondförmig zusammendrücken. In kochendes Salzwasser einlegen und ziehen lassen. Diese Tortelloni schmecken besonders gut mit zerlassener Butter und Parmesan oder verschiedenen Kräutern.

Vollkornfleckerln

300 g frisch gemahlenes Dinkelmehl

100 g frisch gemahlenes Weizenmehl

4 Eier

2 EL Olivenöl

etwas Salz

Dinkel- und Weizenmehl auf das Nudelbrett sieben und in die Mitte eine Mulde drücken. Eier und Olivenöl in die Mulde geben und mit einer Gabel verrühren. Das Mehl nach und nach einrühren und mit den Händen zu einem Teig kneten. Je nach Bedarf noch etwas Wasser dazugeben.

Den Teig kräftig durchkneten, bis er glatt und geschmeidig ist, dann zu einer Kugel formen, mit einer Klarsichtfolie bedecken und etwa 1 Stunde an einem kühlen Ort rasten lassen.

Arbeitsfläche oder Nudelbrett mit Mehl bestreuen, den Teig darauf gleichmäßig dünn rechteckig ausrollen und mit dem Teigrad kleine Vierecke ausschneiden.

Vollkornravioli mit Polentafülle

Nudelteig:

300 g frisch gemahlenes Dinkelmehl

100 g frisch gemahlenes Weizenmehl

4 Eier, 2 EL Olivenöl, etwas Salz

Fülle:

200 g gekochte Polenta

2 EL Sauerrahm, 2 EL Dinkel

frische Minzeblätter, Kräutersalz, Muskatnuss

Dinkel- und Weizenmehl auf das Nudelbrett sieben und in die Mitte eine Mulde drücken. Eier, Salz und Olivenöl in die Mulde geben und mit einer Gabel verrühren. Das Mehl nach und nach einrühren und mit den Händen zu einem Teig kneten. Je nach Bedarf noch etwas Wasser dazugeben. Den Teig kräftig durchkneten, bis er glatt und geschmeidig ist, dann zu einer Kugel formen, mit einer Klarsichtfolie bedecken und etwa 1 Stunde an einem kühlen Ort rasten lassen. Arbeitsfläche oder Nudelbrett mit Mehl bestreuen und den Teig darauf gleichmäßig dünn rechteckig ausrollen. Für die Fülle den Dinkel in etwas Wasser einweichen und aufkochen. Gekochte Polenta mit dem Sauerrahm und einem Teil des gekochten Dinkels und den Gewürzen gut vermischen.

Den fertigen Vollkornteig in 2 Teile teilen und dünn ausrollen. Auf einen Teil die Polentafülle in kleinen Häufchen setzen. Den zweiten Teil des Teiges darüber legen und gut festdrücken. Mit dem Messer gleich große Taschen schneiden und die Ränder festdrücken. In Salzwasser kochen. Wenn die Taschen aufsteigen, sind sie fertig, dann abseihen und abtropfen lassen.

Müslis und Kräutertee-Mischungen

Ein Müsli zum Frühstück lässt den Tag sehr gut beginnen, denn dadurch wird der Körper mit Vitaminen, Kohlehydraten, Mineral- und Ballaststoffen versorgt. Doch Müslis sind nicht nur besonders wertvoll für unsere Ernährung, sie schmecken zudem sehr gut und finden vor allem bei Kindern großen Anklang.

Das Angebot an fertigen Müslimischungen ist enorm und macht einem oft die Wahl schwer. Hat man sich endlich für eines dieser Produkte entschieden, muss man leider viel zu häufig feststellen, dass sie den eigenen Vorstellungen nicht entsprechen, dass sie zu viel Zucker enthalten, zu herb, oder überhaupt zu teuer sind. Abgesehen davon enthalten diese Fertigmischungen meist Konservierungsstoffe und Geschmacksverstärker.

Für die eigene Herstellung von Müsli benötigt man nicht viel, außer erstklassige Zutaten und Gefäße für die Aufbewahrung, die gut verschlossen werden können. Die verschiedenen Getreideflocken, Kerne und Trockenfrüchte aus kontrolliertem Anbau sind im Reformhaus oder Naturkostgeschäft erhältlich.

Ähnlich verhält es sich auch mit den Kräuterteemischungen. Auch sie sind im Handel erhältlich, sind aber vielfach mit künstlichen Aromastoffen versehen. Wer sich ein wenig mit der Heilwirkung der Kräuter befasst, ist in der Lage, auf die eigenen Bedürfnisse abgestimmt eine individuelle Mischung zusammenzustellen.

„Für alles ist ein Kraut gewachsen", heißt es, und diese Kräuter können nicht nur Genuss, sondern auch Linderung von Beschwerden verschaffen. Für diejenigen, denen es nicht möglich ist, Kräuter selbst zu sammeln und zu trocknen, gibt es auch die Möglichkeit, diese in der Apotheke zu kaufen.

Müslis und Kräutertees selbst zu mischen ist nicht aufwendig und schwierig, wichtig ist nur, die Mischungen in gut verschließbaren Dosen und Gläsern aufzubewahren. Achten Sie auch darauf, dass die Zutaten von allerbester Qualität sind, also besorgen Sie sie am besten im Reformhaus beziehungsweise in der Apotheke.

Alles, was selbst gemacht ist, hat einen hohen Stellenwert und macht Freude, nicht nur dem Hersteller, sondern auch Freunden und all jenen, die in den Genuss dieser hausgemachten Spezialitäten kommen. Mit attraktiven Verpackungen und Schleifen eignen sich auch diese Mischungen hervorragend als Geschenk und Mitbringsel.

Früchte-Müsliriegel

- 50 g Haselnüsse
- 50 g Kürbiskerne
- 100 g getrocknete Feigen
- 50 g Dörrzwetschken
- 2 Äpfel
- 50 g Sonnenblumenkerne
- 150 g Weizenvollmehl
- 150 g Haferflocken
- 250 ml Wasser
- 4 EL Sonnenblumenöl
- 100 g Rosinen
- 1 Prise Zimt
- etwas Salz
- 150 g Honig

Haselnüsse, Dörrzwetschken, Feigen und Kürbiskerne grob hacken, die Äpfel raspeln.

Haferflocken und Mehl in eine Schüssel geben, Wasser, Öl und die restlichen Zutaten dazugeben und mit Honig, Zimt und Salz abschmecken. Alles gründlich zu einem Teig verkneten und diesen auf ein mit Backpapier belegtes Backblech streichen.

Im vorgeheizten Backrohr bei 180 °C ungefähr 30 Minuten backen. Noch warm in Rechtecke schneiden, auskühlen lassen und in Dosen aufbewahren.

Müsli mit Trockenfrüchten

1 EL getrocknete Marillen

1 EL Dörrzwetschken

1 EL Rosinen

1 EL getrocknete Apfelringe

6 EL Haferflocken

5 EL Weizenkleie

1 EL Kokosraspeln

Die Trockenfrüchte fein schneiden, mit den restlichen Zutaten gut vermischen und in einem gut verschließbaren Gefäß aufbewahren.

Müsliriegel

150 g Dinkelflocken

50 g feine Haferflocken

50 g Weizenvollmehl

75 g Kokosflocken

75 g gemahlene Mandeln

75 g Sesamsamen

50 g Sonnenblumenkerne

75 g Rosinen

etwas Salz

150 g Honig

70 ml Wasser

60 ml Sonnenblumenöl

Die trockenen Zutaten in einer Schüssel mischen, anschließend den Honig, das Wasser und das Öl hinzufügen und gründlich verkneten.

Die Masse auf ein befettetes Backblech geben und mit dem Nudelholz ausrollen. Im Backrohr bei 160 °C etwa 40 Minuten backen. Noch warm in Rechtecke schneiden, auskühlen lassen und in Dosen aufbewahren.

Spezialmüsli

- 2 EL Sonnenblumenkerne
- 1 EL Sesamsamen
- 2 EL geschroteter Leinsamen
- 2 EL Rosinen
- 6 EL Weizenkleie
- 5 EL Haferflocken
- 30 g getrocknete Marillen

Die getrockneten Marillen fein zerkleinern, dann alle Zutaten gut vermischen und in einem gut verschließbaren Behälter aufbewahren.

Für 1 Portion nimmt man 1–2 Esslöffel von der Müslimischung und rührt sie je nach Belieben mit Milch, Jogurt oder anderen Milchprodukten und mit frischen, saftigen Früchten an.

Diese Mischung ist einige Wochen haltbar.

Erfrischungstee

- 30 g Ehrenpreis
- 5 g Orangenblüten
- 5 g Zitronenmelisse
- 3 g Pfefferminze
- 3 g Sternanis

Dieser Tee kann an heißen Tagen auch sehr gut kalt getrunken werden.

Erkältungstee

- 20 g Salbei
- 10 g Spitzwegerich
- 5 g Pfefferminze
- 5 g Rosmarin
- 5 g Thymian
- 5 g Anis

Einen Esslöffel der Teemischung mit 1/4 Liter kochendem Wasser überbrühen und zugedeckt ziehen lassen.

Frühlingstee

10 g Brennnesselblätter

10 g Birkenblätter

10 g Zinnkraut

10 g Zitronenmelisse

10 g Wermut

10 g Holunderblüten

Einen Esslöffel dieser Mischung mit
1/4 Liter kochendem Wasser aufgießen und
zugedeckt 10–15 Minuten ziehen lassen.

Dieser Tee wirkt besonders reinigend und
ausleitend.

Vitaltee

20 g Rosmarin

20 g Thymian

20 g Orangenschalen

Pro Tasse einen Teelöffel dieser Mischung
mit kochendem Wasser aufgießen und
5 Minuten ziehen lassen.

Nach Belieben mit etwas Honig süßen.

Kandierte Früchte und andere süße Leckereien

Das Kandieren von Früchten erfordert zwar Zeit und Geduld und kann somit ein langwieriger Arbeitsprozess sein, doch der Erfolg entschädigt für alle Mühe.

Wo das Kandieren und Verzuckern von Früchten ihren Ursprung haben, ist nicht gänzlich geklärt, einige vermuten ihn in der italienischen Renaissance. Wahrscheinlicher ist es allerdings, dass diese Techniken im 10. und 11. Jahrhundert im Nahen Osten erfunden wurden und mit den arabischen Kaufleuten nach Europa kamen.

Kandieren und Verzuckern werden oft in einem Atemzug genannt, tatsächlich sind es aber zwei verschiedene Techniken. Beim Kandieren ersetzt man den Großteil der Flüssigkeit, die sich in der Frucht befindet, durch eine Zuckerlösung, während beim Verzuckern die Frucht mit einer Zuckerschicht überzogen wird.

Die Früchte können in beliebig große Stücke zerteilt werden, Blüten belässt man meist ganz oder verwendet die einzelnen Blütenblätter. Das Ergebnis ist besonders befriedigend, wenn man ganz frische Früchte oder Blüten verwendet. Das Obst soll reif und fest sein und keine Druckstellen aufweisen. Die am häufigsten verwendeten Früchte sind Ananas, Kirschen, Maroni, Orangen, Feigen, Zwetschken und Zitronen.

Das Haltbarmachen von Früchten durch Kandieren oder Verzuckern beruht auf der konservierenden Wirkung des Zuckers.

Kandierte und verzuckerte Früchte und Blüten können als Konfekt oder als Garnitur für Torten, Kuchen und Desserts verwendet werden und sind, wenn sie trocken gelagert werden, einige Monate haltbar.

Darüber hinaus gibt es noch viele süße Leckereien, die sich gut selbst herstellen lassen, wie beispielsweise gebrannte Mandeln oder Marzipan. Eines ist ganz sicher gewiss, mit diesen Naschereien werden Sie alle begeistern, die in ihren Genuss kommen.

Kandierte Früchte

Wie bereits erwähnt ist das Kandieren ein Vorgang, der Zeit braucht, denn nur so kann das Ergebnis auch zufriedenstellend sein. Wichtig ist es auch, genau nach Rezept vorzugehen und sich an alle Angaben zu halten.

Es ist nicht nötig, für das Kandieren zu Hause große Anschaffungen zu tätigen, denn die meisten dafür benötigten Gerätschaften sind in einem Haushalt vorhanden.

- Töpfe mit dickem Boden
- Backpinsel
- Kochlöffel

GRUNDREZEPT

500 g frische Früchte
500 ml Wasser
400 g Einmachzucker

- 250 g Zucker und 300 ml Wasser so lange kochen, bis die Masse im erkalteten Zustand Fäden zieht.
- Früchte in einer flachen Schüssel auflegen und mit dem lauwarmen Sirup übergießen, darauf achten, dass die Früchte vollständig bedeckt sind.
- Die Oberfläche mit Pergamentpapier abdecken, damit die Früchte und der Sirup nicht austrocknen können und das Ganze 24 Stunden ziehen lassen.
- Am nächsten Tag die Früchte aus dem Sirup heben und auf einem Kuchengitter abtropfen lassen.
- Die restliche Zuckerlösung mit 100 ml Wasser und ca. 75 g Einmachzucker neuerlich einkochen. Die Zuckerlösung darf nicht zu lange gekocht werden, da sie sonst zu konzentriert wird und auskristallisieren könnte.
- Nun die Früchte wieder mit der Zuckerlösung übergießen und abermals 24 Stunden ziehen lassen.
- Am nächsten Tag die Früchte wieder aus dem Sirup heben und auf einem Kuchengitter abtropfen lassen.
- Die restliche Zuckerlösung mit 100 ml Wasser und ca. 75 g Einmachzucker neuerlich einkochen und nochmals die Früchte damit übergießen, ein drittes Mal 24 Stunden ziehen lassen, die Früchte dann herausheben und auf einem Kuchengitter abtropfen lassen.
- Am vierten Tag die Früchte kurz in der Zuckerlösung mitkochen (ca. 2 Minuten), dann herausheben und abtropfen lassen.
- Früchte auf dem Kuchengitter trocknen lassen oder im Backrohr bei 50 °C unter gelegentlichem Wenden. Wenn sich die Früchte nicht mehr klebrig anfühlen, sind sie fertig.
- In Pergamentpapier oder Alufolie verpackt, an einem kühlen und trockenen Ort gelagert, sind die Früchte einige Monate haltbar.

Gebrannte Mandeln

350 g Mandeln

500 g Zucker

300 g Wasser

Zucker und Wasser in einem Topf mit festem Boden schwach aufkochen und die Mandeln beigeben.

Mit einem Kochlöffel gut durchrühren, bis der Zucker anfängt, zu karamellisieren.

Die Mandeln anschließend auf ein Sieb geben und trocknen lassen.

Die abgekühlten Mandeln auf eine Arbeitsfläche geben und durch Reiben voneinander trennen. Gut auskühlen lassen und in einer Dose verschlossen aufbewahren (ca. 5–6 Wochen haltbar).

Gezuckerte Rosenblüten

2 TL Gummiarabikum (im guten Fachhandel erhältlich)

4 TL Rosenwasser

eventuell etwas Lebensmittelfarbe

unbeschädigte Rosenblätter

400 g Puderzucker

Gummiarabikum im Rosenwasser auflösen (es kann auch verdünntes Rosenwasseraroma verwendet werden).

Gummiarabikumlösung aufteilen und mit den verschiedenen Lebensmittelfarben einfärben.

Mit einem Pinsel die Blütenblätter mit der Lösung in der entsprechenden Farbe bestreichen. Anschließend die Rosenblätter in Zucker tauchen und zusätzlich noch mit Zucker bestreuen.

Mit den restlichen Blütenblättern genauso verfahren. Die fertigen Blätter auf einen Rost legen und an einem warmen Platz trocknen lassen. Dabei mehrmals wenden, damit sie gleichmäßig trocknen. In einem luftdichten Behälter aufbewahren (ca. 10 Wochen haltbar).

Glasierte Kumquats

400 g Zucker

250 ml Wasser

350 g Kumquats

250 g weiße Kuvertüre

Kumquats waschen und gut trocknen. Wasser und Zucker zu Sirup kochen, Früchte einlegen und maximal 1 Minute mitkochen. Auf einem Kuchengitter abtropfen und trocknen lassen.

Diesen Vorgang mindestens dreimal wiederholen und die Früchte anschließend auf eine Platte legen und 2 Tage bei Zimmertemperatur nachtrocknen lassen.

Weiße Kuvertüre über dem Wasserbad erwärmen und glattrühren. Die glasierten Kumquats zur Hälfte darin eintauchen und auf einem Kuchengitter abtropfen lassen.

Man kann sie eventuell mit gemahlenen Pistazien bestreuen.

Diese Früchte sind ca. 6 Wochen haltbar.

Glasierte Maroni

450 g geschälte Kastanien

450 g Zucker

2 EL Zuckersirup (im Fachhandel erhältlich)

100 ml Wasser

Die Kastanien in Wasser köcheln, bis man mit einer Nadel leicht hineinstechen kann (dauert ca. 40 Minuten).

Zuckersirup, Zucker und 100 ml Wasser in einem Topf langsam erhitzen und gut umrühren, bis sich der Zucker ganz aufgelöst hat, dann zum Kochen bringen.

Die gut abgetropften Kastanien in eine flache Schüssel geben und mit der Zuckermasse übergießen, 24 Stunden ziehen lassen.

Anschließend die Schüssel mit den Kastanien über ein kochendes Wasserbad stellen und langsam bis zum Siedepunkt erhitzen, dann die Kastanien vorsichtig herausheben und die restliche Zuckermasse nochmals zum Kochen bringen.

Die Kastanien ein weiteres Mal in den Sirup einlegen und für 12 Stunden stehen lassen.

Diesen Vorgang ein drittes Mal wiederholen, dann die Kastanien herausheben und auf einem Kuchengitter abtropfen lassen. An einem warmen Platz trocknen lassen.

Kandierte Ananasscheiben

500 g frische Ananas (in Scheiben oder mundgerechten Stücken)

500 ml Wasser

400 g Einmachzucker

250 g Zucker und 300 ml Wasser so lange kochen, bis die Masse im erkalteten Zustand Fäden zieht.

Ananas in einer flachen Schüssel auflegen und mit dem lauwarmen Sirup übergießen, darauf achten, dass die Früchte vollständig bedeckt sind. Die Oberfläche mit Pergamentpapier abdecken, damit die Ananas und der Sirup nicht austrocknen können und das Ganze 24 Stunden ziehen lassen.

Am nächsten Tag die Ananas aus dem Sirup heben und auf einem Kuchengitter abtropfen lassen. Die restliche Zuckerlösung mit 100 ml Wasser und ca. 75 g Einmachzucker neuerlich einkochen. Die Zuckerlösung darf nicht zu lange gekocht werden, da sie sonst zu konzentriert wird und auskristallisieren könnte. Nun die Ananas wieder mit der Zuckerlösung übergießen und abermals 24 Stunden ziehen lassen.

Am nächsten Tag die Ananas wieder aus dem Sirup heben und auf einem Kuchengitter abtropfen lassen. Die restliche Zuckerlösung mit 100 ml Wasser und ca. 75 g Einmachzucker neuerlich einkochen und nochmals die Früchte damit übergießen, ein drittes Mal 24 Stunden ziehen lassen, die Früchte dann herausheben und auf einem Kuchengitter abtropfen lassen.

Am vierten Tag die Ananas kurz in der Zuckerlösung mitkochen (ca. 2 Minuten), dann herausheben und abtropfen lassen. Ananas auf dem Kuchengitter trocknen las-

sen oder im Backrohr bei 50 °C unter gelegentlichem Wenden. Wenn sich die Ananas nicht mehr klebrig anfühlen, sind sie fertig.

In Pergamentpapier oder Alufolie verpackt, an einem kühlen und trockenen Ort gelagert, sind die Früchte einige Monate haltbar.

Kandierte Veilchenblüten

Veilchenblüten

1 Eiklar

50 g Puderzucker

100 g Kristallzucker

1/4 l Wasser

Veilchenblüten rundum mit Eiklar bestreichen, mit feinstem Puderzucker bestreuen und trocknen lassen. Den Puderzucker mit Wasser aufkochen, die getrockneten Blüten durchziehen und trocknen lassen. Diesen Vorgang ein zweites Mal wiederholen und die Veilchen anschließend ca. 1–2 Tage trocknen lassen.

Kandierte Veilchen können für mehrere Monate aufbewahrt werden und eignen sich gut zur Dekoration von Torten, Desserts und Kleingebäck.

Wohlriechende Veilchen sind in lichten Wäldern, am Waldrand, in Gebüschen und an Bachufern zu finden.

Kandierte Zitronen

6 ungespritzte Zitronen

500 ml Wasser

250 g Einmachzucker (Gelierzucker)

Zitronen gut waschen und schälen, sodass möglichst wenig weißes Fleisch an der Schale bleibt. Die Stücke sollten ca. 2–3 cm lang sein.

Schale mit Wasser aufkochen und danach das erste Kochwasser wegschütten. Nun kocht man die Schalen erneut mit frischem Wasser auf und lässt sie 1–2 Stunden leicht dahinköcheln, bis sie weich sind.

Anschließend den Zucker beimengen und unter ständigem Rühren nochmals aufkochen. Für 24 Stunden ruhen lassen und am nächsten Tag nochmals leise in der Zuckerlösung für 10 Minuten köcheln. Diesen Vorgang wiederholt man am nächsten Tag noch einmal. Anschließend die Zitronenschalen aus dem Sirup heben, auf einem Kuchengitter abtropfen lassen und im Backrohr bei ca. 50 °C trocknen.

Die Zitronenschalen sind für einige Monate haltbar und ergeben eine feine Backzutat für so manchen Kuchen.

Karamellisierte Früchte

500 g Zucker

250 ml Wasser

100 g Zuckersirup

*350 g Früchte
(am besten eignen sich Kiwi,
Orangenscheiben, Aprikosen, Mangos)*

Früchte reinigen und in Scheiben schneiden.

Wasser, Zucker und Sirup langsam unter ständigem Rühren aufkochen. Den Topf kurz in kaltes Wasser halten. Früchte an einen dünnen Spieß aufstecken und in den Zuckersirup tauchen, auf einem Kuchengitter abtropfen lassen. Wenn der Zucker ganz erstarrt ist, die Früchte in Papierkapseln legen.

In gut verschließbaren Behältern aufbewahren (3–4 Wochen haltbar).

Der Zucker kann auch mit Lebensmittelfarbe eingefärbt werden.

Karottenwürfel

250 g frische Karotten

Zitronenschale

Zitronensaft

40 g Butter

1/8 l Milch

220 g Honig

30 g Rosinen

50 g gehobelte Mandeln

30 g Pistazien

1 Prise Muskatnuss

*Oblaten in der Größe von
ca. 18 cm x 25 cm*

Karotten waschen und fein reiben.

Zitronensaft, Zitronenschale, Butter, Milch und Muskatnuss in einem Topf zum Kochen bringen, die Karottenmasse hineingeben und ca. 10 Minuten dünsten, bis die Karotten weich sind.

Den Honig zufügen und mit dem Mixstab fein pürieren. Die Rosinen, Mandelblättchen und Pistazien untermengen und die Masse so lange weiterdünsten, bis sie fest wird.

Eine Arbeitsplatte mit Butter bestreichen und die Karottenmasse ca. 1 cm dick aufstreichen, mit den Oblaten belegen und kühl stellen, anschließend in kleine, mundgerechte Würfel schneiden.

An einem kühlen Ort aufbewahren (ca. 5 Wochen haltbar).

Anstelle von Oblaten können Sie die Karottenwürfel vor dem Schneiden auch mit Sesam oder gehobelten Mandeln bestreuen.

Mandelkracher

130 g weiche Butter, 1 Eidotter

100 g Puderzucker

120 g Mehl

100 g grob gehackte geschälte Mandeln

1 Ei, 5 EL grober Rohrzucker

Die Butter mit dem Eidotter verrühren, den Zucker darüber streuen und alles schaumig rühren. Das Mehl nach und nach unterrühren. Backrohr auf ca. 180 °C vorheizen, das Backblech mit Backpapier belegen. Den Teig auf das Blech geben und sehr dünn auf dem Blech verteilen. Das Ei versprudeln und den Teig damit bestreichen. Die Mandeln auf dem Teig verteilen und den Rohrzucker darüber streuen. Auf mittlerer Schiene 10 Minuten goldgelb backen und noch heiß in etwa 3 x 4 cm große Stücke schneiden. Auf einem Kuchengitter abkühlen lassen. Das Gebäck ist ca. 6 Wochen haltbar.

Marzipan

240 g Puderzucker

250 g geschälte Mandeln

1–2 TL Zitronensaft, 2 Eidotter

Die Mandeln mahlen und mit dem Puderzucker vermengen, Zitronensaft und Eidotter dazugeben, so dass die Masse ziemlich fest wird. Masse zu einer Kugel formen und fest verkneten, bis das Marzipan ziemlich glatt ist. Nach Bedarf gleich verwenden oder in Frischhaltefolie einwickeln und an einem kühlen Platz aufbewahren.

Konfekt aus Trockenfrüchten

100 g getrocknete Zwetschken ohne Kerne

100 g getrocknete Marillen

50 g Rosinen

ca. 1/4 l Wasser

150 g Haselnüsse

100 g geriebene Kokosflocken

Die Zwetschken und Marillen in kleine Stücke schneiden, mit den Rosinen mischen und mit Wasser bedeckt 4 Stunden stehen lassen.

Die Früchte dann mit den Haselnüssen und dem Wasser fein pürieren. Die Hälfte der Kokosflocken unter die Fruchtmasse rühren, gegebenenfalls noch mehr Kokosflocken einkneten, damit die Masse gut formbar ist. Die Fruchtmasse zu einer ca. 4 cm dicken Rolle formen und in den übrigen Kokosflocken wenden; die Kokosflocken leicht andrücken. Die Rolle dann in ca. 50 gleich dicke Scheiben schneiden und diese in Papierkapseln setzen. Konfekt im Kühlschrank aufbewahren.

Anstelle von Marillen und Zwetschken können auch Feigen und Äpfel verwendet werden.

Alphabetisches Inhaltsverzeichnis